中小企業のための
人事評価の教科書

制度構築から運用まで

株式会社ワンネス・コンサルティング
代表取締役
宮川 淳哉

NG Co., LTD

はじめに

これまでに経営コンサルタントとして、150社を超える企業の人事制度構築とその運用サポートに携わってきました。

新たな人事制度の検討をスタートする際に、それまで活用していた人事制度およびその運用状況を分析してみると、多くの会社でそれらが機能不全に陥っているという実感があります。

その原因を私なりに分析してみると、結局「人事評価」に対する本質的な認識の共有ができていないまま、表面的に制度を構築して走らせているためというのが結論です。

制度の機能不全によってその形骸化が加速し、さまざまな不満が蓄積されてきているにもかかわらず、形骸化することに慣れてしまった会社も人事部も社員も、現状の問題を直視して改革・解決するための取り組みを放置しがちだったのではないでしょうか。

それではなぜ、人事制度について本質的な認識の共有ができていないのでしょうか。

その原因は、「人事評価の世界で当たり前とされている考え方」自体が本質とズレているためです。たとえば、人事評価の解説書や、人事部で作成する人事評価制度や目標設定のガイドブックなどには、不思議なことにどれも同じような内容が書かれています。

・部署間、評価者間の評価のバラつきをなくさなければならない
・考課者訓練で評価者の評価スキルを底上げしよう
・評価エラーに気をつけよう
・目標のレベルや難易度のバラつきをなくさなければならない

これから人事評価制度を構築しようとしている方に対して申し上げたいのは「このような解説を真に受けてはいけません」ということです。

また、すでに人事制度を運用しながら機能不全に陥っている企業や、負荷に対する効果を疑問視されている方に対しては、「このような解説どおりに運用しようとしているから〝こそ〟機能不全になっているのだ」ということをお伝えします。

多くの企業では、人事評価制度を「査定ツール」にしてしまうから、ネガティブで面倒で後ろ向きな制度になってしまっています。

会社や部門の業績向上のためには、そもそも「本質的なマネジメント」が必要です。マネジメントとは、目標達成と部下育成のためのPDCAを回して、実際に目標を達成し、実際に部下を成長させることです。人事評価制度はそれを効率的に実現するためのマネジメントツールなのです。

これらを理解していただき、社内での人事評価制度の位置づけや運用方法を変え、評価する側も評価される側も人事評価制度に対してポジティブに向き合い、目標達成と成長を実現していただけたら幸いです。

新型コロナウイルスの感染拡大に伴い、テレワークが働き方の「ニューノーマル（新常態）」として定着しつつある一方で、テレワーク導入に伴う諸問題も浮かび上がり、マネジメントや人事評価に関するあるべき姿がこれまでの常識どおりにはいかなくなってきました。

何が問題なのか。それに対してどのように対応すべきか。至るところで議論がなされていますが、そこにも多くの誤解が溢れています。

そこで本書では、巷《ちまた》に流布する表面的な言説の誤解を解消しつつ、「ウィズコロナ」「アフターコロナ」時代のみならず、「いつの時代であっても変わらない本質的な人材マネジメントや人事評価とは何か」についての答えを提示します。

一言で言えば、人事マネジメントの本質はコロナ前もコロナ後も変わりません。本質的な人事の取り組みを実践している企業は、テレワークを導入しても大きな問題は起こりません。

それとは逆に、テレワークの導入などに伴い、雇用のあり方、評価のあり方、マネジメントやコミュニケーションのあり方などに問題が生じている企業は、これまでもそれらの問題が発生していたのです。しかし、それが見えていなかったのか、あるいは見えてはいたが見て見ぬふりをしていただけなのです。今までやってきたことがテレワークでできなくなったから困っているのではなく、「やっていなかったことが顕在化した」だけなのです。今まで「部下をしっかり管理できている」ように感じていたのは幻想です。

これからの時代、テレワークでもオフィスでもどちらでも関係なく、企業はマネジメントの原理原則に基づいて仕事を進める組織を作り上げる必要があります。つまり、これから起こることは、これまでの考え方を否定して方向転換することではありません。起こすべきことは、方向転換ではなく、本質的な取り組みへの回帰と加速化です。

平時においては、本質的な取り組みや改革は組織や社員一人ひとりの負荷増大や現状維持思考が障害となってなかなか進みません。

だからこそ、進まざるを得ない状態になっている今こそが変革のチャンスと言えるでしょう。マネジメント改革を行わなくては、これからの時代を勝ち残ることはできないためです。

必要性・緊急性が出てきたからこそマネジメント改革に取り組まざるを得ないが、何から手をつけたらいいのでしょうか。本書がその解決の一助となることを願っています。

2021年11月吉日

株式会社ワンネス・コンサルティング代表取締役　宮川淳哉

本書の対象読者

本書は次のような問題意識をお持ちの方々に役立つ内容となっています。

・人事評価制度をこれから作りたい、基本を学びたい
・人事評価制度の基本的な考え方は知っているし、すでに制度の運用をしているが、機能不全に陥っているので、その解決策を知りたい
・人事評価やマネジメントに関する書籍を読んでみたが、何だかピンと来ない
・人事評価や面談が「作業」になっていて、十分な効果が上がっているとは言えない
・テレワークやジョブ型雇用など、最近の人事の課題にどう対応すればよいか考えている

また、属性としては、以下のような方々が対象となります。

・人事責任者、人事担当者
・経営者、経営陣
・部門責任者
・評価者（＝部下を持つ上司であるマネージャー）

人事責任者、人事担当者の方々へ

―評価の目的は何でしょうか？

―目標設定の目的は何でしょうか？

―人材育成の目的は何でしょうか？


人事部としての取り組みは、その目的の実現に寄与しているでしょうか？

いわゆる〝人事バカ〟になればなるほど本質を見誤って余計な仕事を増やし、現場の社員を敵に回してしまいます。

また、本質的な現場サポートをすべきなのに、信頼もスキルもないと、告知や提出物の管理だけを行う〝事務屋〟になりがちです。

本書で提起する問題意識と自社の現状を照らし合わせた上で、問題点・課題の抽出と改善を進めましょう。

主に次の3つの視点があります。

①人事部・人事担当者としての人事制度の認識の確認
②マネージャー（評価者・部下を持つすべての上司）に対しての教育・説明・研修内容の見直し
③マネージャーが運用しやすい仕組みやマネジメントルールの整備

詳細は本書を進めていきながら確認しましょう。

評価者（部下を持つ上司であるマネージャー）の方々へ

評価制度の目的、マネジメントツールとしての使い方を確認し、自身の認識および使い方と照らし合わせて、評価・マネジメントの改善を進めていただければ幸いです。
まずは自分から、そしてそれらをチーム・部門へ波及していきましょう。

第3章 「目標設定→目標達成ツール」としての活用ポイント

第4章 「評価→育成ツール」としての活用ポイント

第5章　これからの人事

装丁／木村　勉
本文デザイン・DTP・図表作成／横内俊彦
校正／矢島規男

第1章

コロナ禍で顕在化した人事評価・マネジメントの課題

1 テレワーク下での評価・マネジメントの誤解

テレワーク導入のせい？　最近よく聞く誤解

「はじめに」で記したように、テレワークの導入に伴い、人事評価やマネジメントにおいて、さまざまな問題が生じています。

たとえば、人事部門の担当者やマネージャーから、次のような声を聞きます。

「部下の勤務時間の把握が難しい」

「同じ職場にいれば部下のモチベーションや働きぶり、仕事の進捗などを肌で感じることができるが、離れているとそれがわからなくなった」

「仕事で気になったことがあればすぐにその場でコミュニケーションをとっていたが、テレワークになってからはウェブ会議の開催やチャットでの連絡がストレスで、気軽にできない」

「プロセスでの活動や貢献が見えなくなり、プロセス管理が難しい」

「その一方で、成果評価への偏りは社員の間に不満を生じさせる気がする」

しかし、これら一つひとつの問題は、本当に「テレワークによって生じている」のでしょうか？

いくつかの誤解を紐解いてみましょう。

〈誤解1〉同じ職場にいれば部下のモチベーションや働きぶり、仕事の進捗などを肌で感じることができるが、離れているとそれがわからなくなった

「部下のモチベーションや働きぶりを肌で感じることができる」というのは、感覚的な話でしかありません。

部下は、一生懸命資料を作成しているように見えて、実は必要性も低く質も低い資料を作成しているかもしれません。考えているように見えて、論点が明確でない状態で悩んでいるだけなのかもしれません。

あるいは、元気がなさそうに見えるが実は内省をしながら本質的な思索をしている場合もあるでしょうし、集中し過ぎているあまり、顔がこわばって見える場合もあるでしょう。

近年、社員のメンタル状況やストレス状況などを測定するツールの導入が増えています。テレワーク下においてそれらの導入が加速しているという事実もあります。ただし、「テレワークだから加速している」という前提は、「これまで職場に一緒にいるときには部下のメンタル状況やストレス状況をマネージャーが把握し、何かあれば対応できていた」ということになりますが、果たして本当なのでしょうか？

すべてのマネージャーが同じレベルで部下のメンタル状況やストレス状況を把握することなど本当にできていたのでしょうか？

できるはずがありません。

そのような目に見えないものを把握するための努力よりも、仕事そのものの進め方や成果物にフォーカスした上でコミュニケーションを通じて把握することのほうが重要です。

また、「働きぶりを肌で感じて評価することができる」というのも幻想です。「テレワークでは、個々のがんばりや努力、仕事に向き合う姿勢を見ることができないし、それを評価できない」という悩みをよく耳にしますが、そのような感覚的かつ情緒的な評価は必要ありません。なぜなら、それらは社員の内面で起こっていることなので、適切に評価できないからです。

結局のところ、部下の働きぶりというのは、「業務を遂行するプロセスにおいて、思考し、行動し、何らかのアウトプット（成果物）を生み出すこと」でしか評価することができません。

そのため、「プロセス管理と成果管理をどのように行うか」という論点に焦点が移ります。

〈誤解2〉プロセスでの活動や貢献が見えなくなり、プロセス管理が難しい

「これまではプロセスの活動や状況を肌で感じることができ、何かあれば確認や指示、フォローができていた」ということもよく耳にする誤解です。

「肌で感じて、何かあれば確認や指示をする」という感覚的かつ無秩序な仕事の進め方を

するから非効率なのです。

プロセスを把握するためには、「思考」「行動」「アウトプット」を見える化することが前提となります。それらが見える化されていなければ感覚的な評価しかできません。

「何を考えたのか」「そこから具体的にどのような行動をとったのか」「適切なプロセスを踏んでいるか」「アウトプットの進捗はどうか」「実際の最終アウトプットは何か？」といったことを節目節目で確認・共有する必要がありますが、テレワークの導入でその必要性がより顕著になっただけのことです。

「テレワークでは、プロセスでの状況・活動が見えづらいため、結果や成果物のみの評価となってしまう」という論調を目にすることが多いですが、「何を考えたのか」「どのような行動をとったのか」「適切なプロセスを踏んでいるか」「アウトプットの進捗はどうか」「実際のアウトプットは何か？」の確認・評価は、上司と部下が同じ場所にいなくてもできます。つまり、リモートでもプロセスを確認・評価することは可能です。

これまでもプロセスの確認・共有をしていたマネージャーはその手段・ツールを変えて実行するだけでよいのです。これまで対面・現物（紙）で行っていた確認・評価が、ウェブ会議・チャットツールでデータ資料を確認・評価するように置き換わるだけであって、そこにストレスや弊害などありません。

逆に、その節目ごとの確認・共有をそもそもしていないマネージャーは、これまで何をマネジメントし、何を評価し、何をもって「問題がない」と判断をしていたのでしょうか？今までやってきたことがテレワークでできなくなったから困っているのではなく、「やっていないことが顕在化した」だけなのです。

これまで「部下をしっかり管理できている」ように感じていたのは幻想です。「テレワークによってプロセスが見えなくなった」というマネージャーは、「実はこれまでも見えていなかったし、見ていなかった」のです。

非効率で生産性の低い職場で行われている仕事の進め方は、次のようなものです。

・曖昧な業務の割当や指示をする上司
・目的や成果物のイメージがよくわからないまま、業務や指示を引き受ける部下
・時間が経ってお互いの認識のギャップを、たまたまの無秩序な確認や報連相で発見する
・時間の浪費と相互の不満・ストレスの増大

このような仕事の進め方は、確かにテレワークにおいてはより難しくなるでしょう。

ただ、「その非効率的な仕事の進め方をどうやってテレワークでもできるようにするか」について考えても仕方ありません。そもそもの非効率で生産性の低い仕事の進め方を変える必要があります。それは対面でもテレワークでも同様です。

〈誤解3〉プロセスが見えないので、結果のみの評価とならざるを得ない

プロセスの評価という言葉には、2つの異なる意味合いがあります。

一つは、「プロセスでのがんばりや努力、仕事に向き合う姿勢は評価したい」という意味合いです。「残念ながら成果は出なかったが、情状酌量の余地がある」というニュアンスです。

もう一つは、「成果につながる適切なプロセスを踏んでいるかの評価」という意味合いです。外部環境の悪影響を受けて残念ながら成果は出なかったが、今回のプロセスでの実行計画の内容およびその実行度合いは評価するというニュアンスです。成果だけを評価するのではなく、成果につながる再現性のあるプロセスを評価するのは、納得度も高く人材育

成上の効果もあるでしょう。

「成果だけではなくプロセスのがんばりも認めてほしい、評価してほしい」という言葉には、以上の2種類のニュアンスが混在しているため留意が必要です。

つまり、がんばりや努力によって「結局、何を実行したのか？」が問われます。適切ではない取り組みへのがんばりや努力を評価する必要はありません。その一方で、適切な取り組みへのがんばりや努力は「見える」ため評価することができるし、評価すべきです。

では、テレワークにおいて後者のプロセス評価はできないのでしょうか？

〈誤解1〉で述べたように「何を考えたのか」「どのような行動をとったのか」「適切なプロセスを踏んでいるか」「アウトプットの進捗はどうか」「実際のアウトプットは何か？」を見て評価することはテレワークでも可能です。

その確認・評価を対面・現物（紙）で行うのか、データ資料をウェブ会議・チャットツールに置き換えて行うのかだけの違いです。プロセスを確認・評価することはできます。

よって、「プロセスが見えないので、結果のみの評価とならざるを得ない」というのは誤解です。

〈誤解4〉プロセスは評価せずに結果のみを評価すべきである

〈誤解3〉は、「プロセス評価ができないので結果評価のみとならざるを得ない」という表現でしたが、〈誤解4〉は「そもそも結果のみを評価すべきである」という考え方です。

期中でのプロセスは見ずに期末において当初設定した目標や課題をクリアしたのかどうかだけを評価するという、いわゆる「結果主義」です。

これについては、そもそも「プロセス」と「結果」の言葉の定義の認識を揃える必要があります。人事評価制度の設計にあたって、「プロセス評価＋結果評価」とするか、「結果評価のみ」とするかという論点に関する議論がかみ合わないことが多々ありますが、それは「プロセス」と「結果」の解釈が人によって異なるためです。

よく聞かれるのは、次のような解釈です。

- 「プロセス＝行動」であり、「結果＝行動によって生まれた成果」
- 3月を期末とした場合、4月〜3月の1年間の活動がプロセスであり、期末の時点での最終的な成果が結果

・ＫＰＩ（重要業績評価指数）がプロセス指標であり、ＫＧＩ（重要目標達成指数）が結果指標

・ＫＰＩとＫＧＩはプロセスであり、結果は最終的な成果や業績

これらはどれもニュアンスが異なっているため、このままでは「プロセス評価＋結果評価」とするか、「結果評価のみ」とするか、という議論は成り立ちません。

3月の期末に年に1回評価をするとした場合、多くの方は4月～3月の1年間がプロセスで、期末の時点を結果として考えるでしょう。

しかし、結果とは、期末評価時のみにわかることなのでしょうか？

そうではありません。半期の結果、四半期の結果、毎月の結果、毎週の結果、毎日の結果、一つひとつの作業の結果というように細かな結果の測定もできます。毎週の結果や毎月の結果を確認・評価するということは、それ自体がプロセスを確認・評価するということと同義です。

また、短期間での結果というのは、行動の結果もあれば、行動によって生まれた成果という結果のどちらも含まれます。

図表1　プロセスと結果の関係

毎週・毎月　毎週・毎月　毎週・毎月　毎週・毎月　毎週・毎月　毎週・毎月　毎週・毎月 →

成果	成果	成果	成果	成果	成果	成果
↑	↑	↑	↑	↑	↑	↑
行動	行動	行動	行動	行動	行動	行動

短期間での行動や成果という結果の積み重ね＝プロセス

期末時点での最終結果

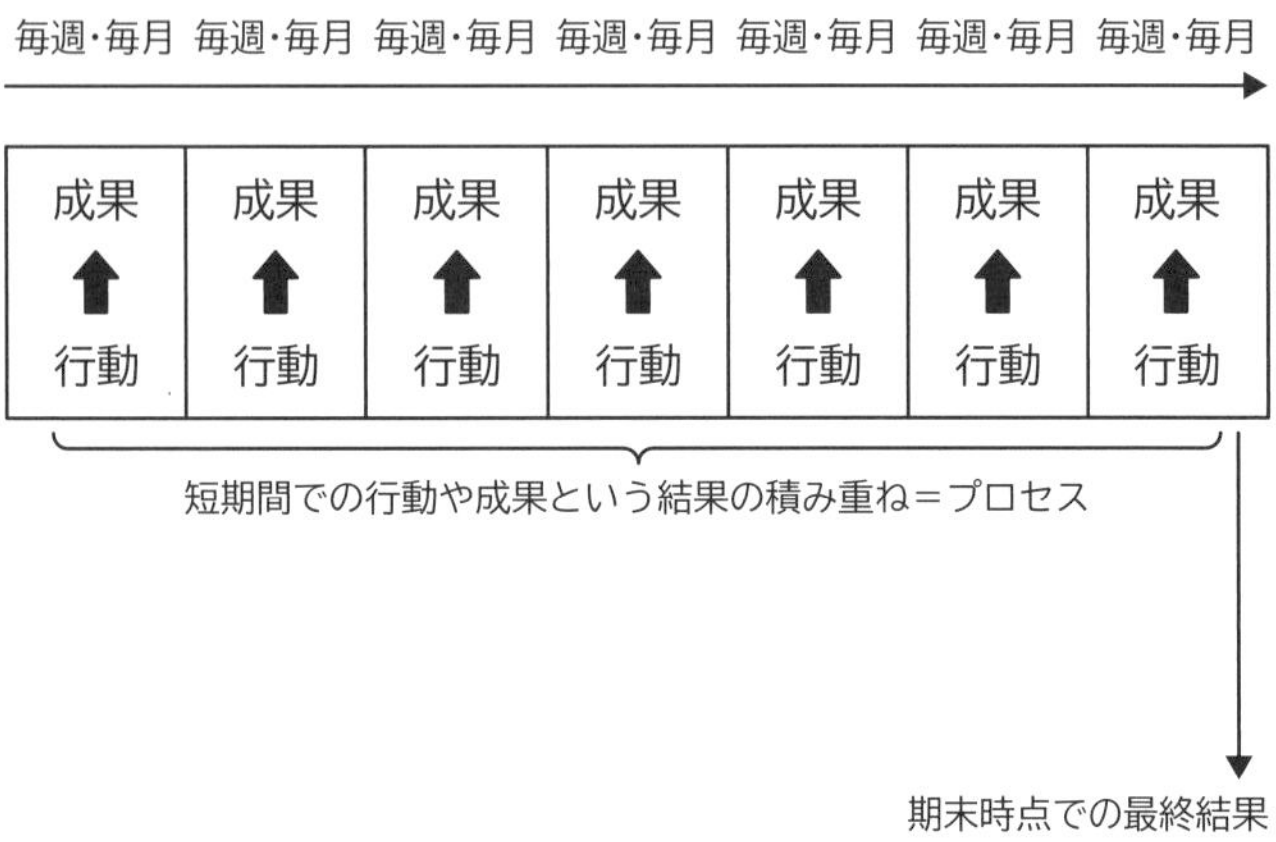

つまり、「短期間での行動の結果や成果という結果の積み重ね＝プロセス」であり、それが期末まで積み重なったときにトータルの結果となるということです（図表1）。

「プロセスと結果のどちらを重視すべきか？」

「プロセスは評価せずに結果のみを評価すべきか？」という話がよく出ますが、まず最終結果を評価するのは当然です。ただし1年間の結果のみを評価するのか、1週間～1カ月単位での行動の結果および成果を追っていくことを重視し評価するのかは、どちらの考え方もあります。

期中での進捗報告・中間時点での確認・評価は一切なしで、最終的な1年間の結果のみを評価するのであれば、それは「プロセス評価はせずに結果評価のみ」ということになりますが、多くの会社においてそのようなことは少ないでしょう。「最終的な結果のみを査定につなげる」という考え方はあるでしょうが、マネジメントとして期中での確認・評価は行われることが多いのですから、それならばプロセスも評価すべきです。

この場合は「プロセスと結果のどちらも評価する」という考え方になります。

なお、ＫＧＩ（重要目標達成指標）とＫＰＩ（重要業績指標）の考え方については第３章の第４節「重大症状②目標を達成するための行動計画になっていない」で解説します。

2 テレワーク下でも変わらない仕事の管理の基本

「仕事の進め方・仕事の管理の基本」3つのステップ

前節の誤解1～誤解4を踏まえると、「仕事を管理する」ためには、以下のステップを踏むことが必要です。

【ステップ1】創出すべき（会社から求められる）成果やアウトプット、期限を明確に伝える

①仕事・業務・作業の目的（何のために）を伝える

やらされ感をなくし、主体的に取り組めるように目的を伝えます。

目的がわかっていると成果物のイメージがわきやすくなります。

②アウトプット（成果物）イメージ、目標値、要求水準を伝える

具体的な内容とアウトプット（成果物）イメージを伝えます。

また、数量・金額などの目標値があれば明確にします。

要求水準はどこまでの完成度を求めるかです。たとえば、スピード重視で大雑把な叩き台レベルでよいのか、そのままお客様に渡せるレベルなのかでは、所要時間もアウトプットイメージも変わります。

③期限を伝える

期限を決めることで先送りすることなく計画を作れます。

【ステップ２】成果やアウトプットを創出するための行動計画や作業手順を考え、進捗管理の方法およびタイミングを決める

・プロセスまで具体的な指示をするのか、本人が考えるのかは、成果物や本人の能力次第です。

・どのようなタイミングでどのツールで進捗を確認するのかを決めます。

【ステップ3】行動計画を実行しながら、あらかじめ決めた方法およびタイミングで進捗管理を行い、短期サイクルでの効果検証と行動の修正を行う

・計画に対して、実行できているか、実行できていないか、実行できていない場合はその原因は何かを確認します。
・行動した結果、どのような成果・効果が生まれているのかを確認します。期待していたような効果が出ていないならば、その原因は何かを追求します。
・アウトプットの進捗や目標に対しての実績値を確認します。
・状況の変化に応じた計画修正や未実行・期待効果未達に対しての対策を、今後の計画に反映させます。

以上の3つのステップにおいて、肌感覚ではなく、計画や進捗状況、途中経過を見える化した上で本人と関係者（上司を含む）の理解・共有のためのコミュニケーション・報連相を定期的に行います。

報告の場を設ける場合もあれば、関係者や上司が進捗状況や途中経過を能動的に確認しに行けるように資料・データを共有しておく場合もあります。

以上の流れは新入社員研修で学ぶ「仕事の進め方の基本」にも書いてあるような内容です。

この仕事の基本を押さえていれば、テレワークであっても問題は生じません。問題が生じているのは、仕事の基本を押さえずに、我流で無秩序かつ感覚的な仕事の進め方をしている職場です。

仕事や部下の管理をする上で必要な４つの視点

３つのステップの流れを管理すべき時間軸は、年間、半期、四半期、１カ月、２週間、１週間、日、時間などの異なる頻度で、仕事の内容や対象となる部下に応じて設定します。

たとえば、Ａさんに対しては１週間に１回は進捗を確認し、Ｂさんに対しては１日に２回は進捗を確認する、というように使い分けるのです。

その使い分けは次の４つの視点を踏まえて行います。

①部下が自律的に考え、動き、検証するスキルを持っているのか、あるいはそれぞれのステップで上司からのフォローが必要なのか

②定型的な仕事なのか、非定型的な仕事なのか
③自己完結できる仕事なのか、社内外への働きかけやコミュニケーション、調整が必要なのか
④外部環境（顧客、競合、業界・市場動向、マクロ環境）の変化による影響を頻繁に受けるのか、受けないのか

たとえば、経験が浅くフォローが必要な若手スタッフが取り組む仕事が非定型的であり、外部環境による影響を頻繁に受けやすいのであれば、管理すべき時間軸は時間単位・日単位・週単位などと短くする必要があります。

反対に、経験・能力が十分にあるスタッフが取り組む仕事が定型的であり、外部環境による影響をそれほど受けずに自己完結できるものであるならば、管理すべき時間軸が長くなっても問題はそれほど起こりません。

以上の管理は、「テレワーク下だから必要なこと」ではなく、日常的に必要なことです。テレワークだからといって特別なことをしなくてはならないのではなく、テレワークだからこそ「基本的かつ本質的な取り組み」に立ち戻るべきなのです。

「はじめに」で次のように書きました。

会社や部門の業績向上のためには、そもそも「本質的なマネジメント」が必要です。マネジメントとは、目標達成と部下育成のためのＰＤＣＡを回して、実際に目標を達成し、実際に部下を成長させることです。人事評価制度はそれを効率的に実現するためのマネジメントツールなのです。

前述した仕事の進め方の基本、仕事の管理の基本を押さえることとは、人事評価制度をマネジメントツールとして運用する上での大前提でもあります。

管理する立場のマネージャーが、マネジメントの考え方についての理解をより深める必要があります。

3 そもそもマネジメントとは？問題解決とは？

マネジメントの定義

人事評価や人材育成は「マネジメント」という広い概念の一部です。よって、評価の心構えや育成のポイントを掴むだけではなく、管理職として、マネージャーとして「マネジメントの考え方」を押さえておく必要があります。

まず、「マネジメント」の定義を確認しましょう。

マネジメントを日本語に訳すと「管理」という単語が思い浮かぶことが多いでしょう。「管理」がつく言葉はたくさんあります。たとえば、シフト管理、労務管理、日程管理、業績管理、部下管理、業務管理、運行管理、生産管理、品質管理、目標管理、進捗管理、健康管理などが挙げられるでしょう。

ただし、このように日常の仕事の中で行われる「管理」のほとんどは実は「マネジメント」ではなく、日々の仕事を管理・改善する「オペレーション（業務）」に該当します。

たとえば、ファミリーレストランでアルバイトスタッフのシフトを調整する「シフト管理」を行うのは誰でしょうか？

管理職である店長が行う場合もあるでしょうが、だからといって「シフト管理」が「管理者」である店長の仕事であるとは必ずしも言えないでしょう。一般社員の中からシフト管理を行う担当者を決め、その担当者がシフト管理をすればよいのです。つまり、日常の管理業務そのものは管理者やマネージャーが行うべき「マネジメント」ではありません。

それでは管理者やマネージャーが行うべきマネジメントとはどのようなものなのでしょうか？

マネジメントを日本語に訳すと「管理」と並んで「経営」という訳も出てきます。管理者やマネージャーが行うべき本来のマネジメントは、この「経営レベルのマネジメント」です。

そこで経営レベルのマネジメントを以下のように定義づけしましょう。

「ありたい姿に組織を近づけていくために、リソースを活用してPDCAを回して問題解決すること」

この定義を分解し、さらに深掘りしていきます。

"問題"の定義

まず、「問題解決すること」とは何でしょうか？

その前に、「問題」とは何でしょうか。「問題とは何か」と聞いてよく出てくる答えは、「障害」「困ったこと」「トラブル」などの表現です。「問題が発生した」という文脈で使うのであながち間違っていないように思いますが、正しい「問題」の定義ではありません。

問題とは、「あるべき姿・目標と現状とのギャップ」を指します（図表2）。

先に挙がった「障害」「困ったこと」「トラブル」という言葉は、「現状の描写」に過ぎません。「問題」と言えるためには、「あるべき姿・ありたい姿・目標・基準」が必要なのです。

たとえば、「業績が悪い」ことが問題として挙げられることがありますが、これも「問題」とは言えません。「業績が悪い」現状をあるべき姿・目標と照らし合わせるためには、

図表2　目標と現状のギャップ

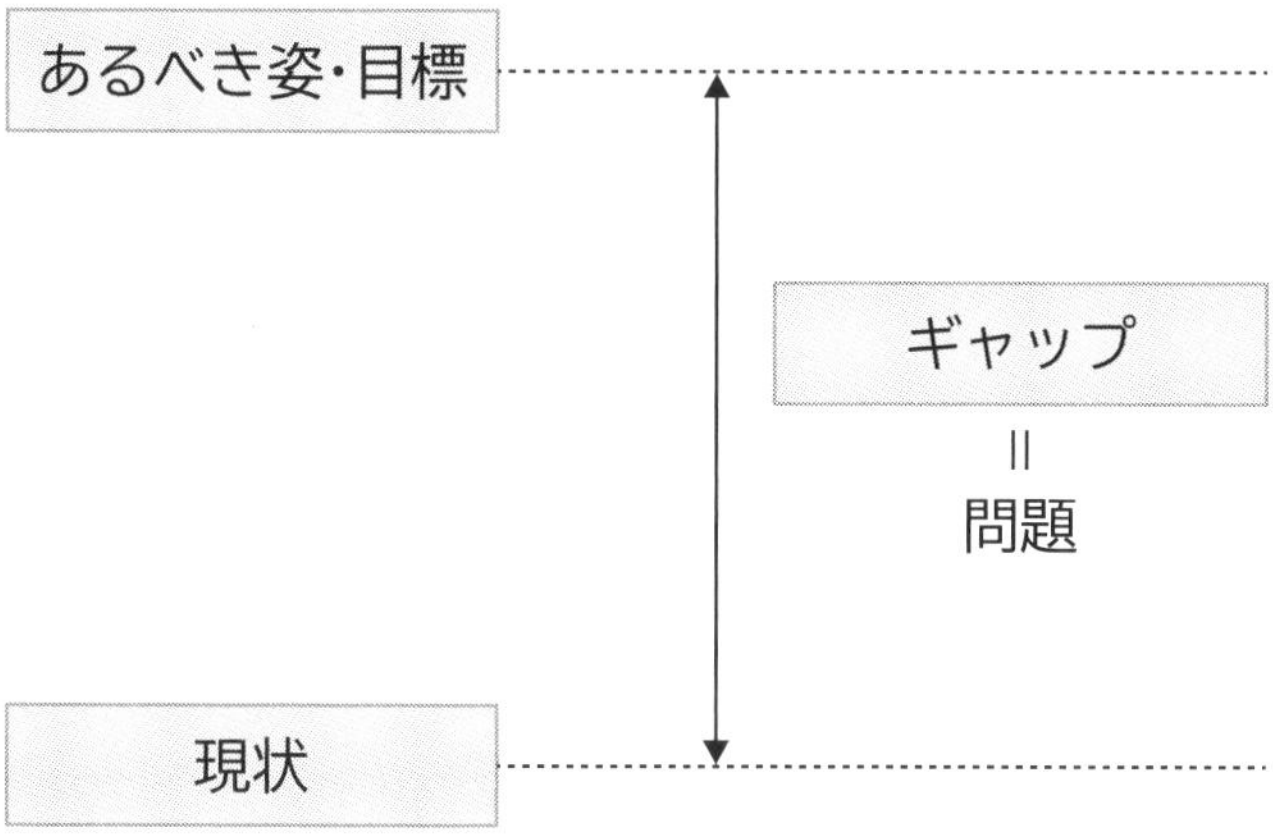

次の視点で言葉を分解して考える必要があります。

①業績とは？……売上高？　粗利益？　営業利益？　客数？　客単価？

②悪いとは？……予算未達？　絶対値として低い？　低下している？

③時間軸は？……1年前と比べて現在？　今期末の見通し？

　これらの視点を踏まえると、問題の把握として正しい表現は次のようになります。

「今年度上半期（4月～9月）の売上高が前年比で15％低下しているのが問題である」

「今年度の営業利益目標1億円に対して、現状の見通しで5000万円にとどまる見通しであることが問題である」

単に「業績が悪い」という表現との違いは歴然です。

そして、「今年度上半期（4月~9月）の売上高が前年比で15%低下しているのが問題である」であるならば、さらに何の売上高が低下しているのかを掘り下げていきます。

たとえば、事業別、顧客別、商品別、エリア別などの視点で真の問題を捉えます。

「問題」の発見、問題の正しい捉え方は人事評価制度の目標設定において非常に重要なので、ぜひ覚えておきましょう。

問題解決の定義

ここまで「問題の定義」を確認しました。次は、「問題解決」の定義です。

問題解決とは、「現状から何かしらの手立てを講じることでギャップを埋め、あるべき姿・目標を達成すること」です。

先の例の単に「業績が悪い」では、ギャップを埋めるための「問題解決」の手立てを講じることができません。業績を向上させるための手立てとしていろんな選択肢が思い浮かびますが、問題を正確に把握できていない状況での問題解決の手立ては思いつきの手段でしかなく、論理的な活動とは言えません。これは現場の活動や目標設定・行動計画の策定でよく出てくる良くない事例です。

「今年度上半期（4月〜9月）の売上高が前年比で15％低下しているのが問題である」であれば、

・どの月が低下しているのか
・どの事業、商品、顧客が低下しているのか
・その原因は何か

「今年度の営業利益目標1億円に対して、現状の見通しで5000万円にとどまる見通しであることが問題である」であれば、

・どの事業、商品、顧客が予算に対して未達なのか
・その原因は何か

図表3　ギャップの解消とPDCAサイクル

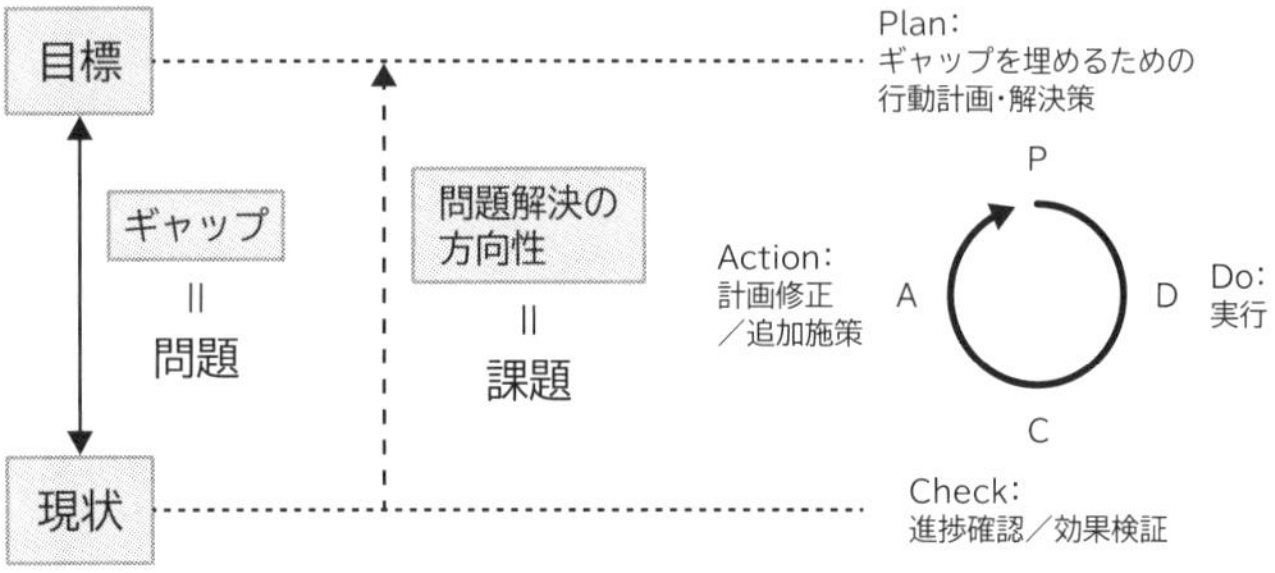

このように深掘りして、真の問題の所在を捉えます。

正しく問題を把握するからこそ、次の問題解決のステップに進むことができます。

この「ギャップを埋める＝問題解決」のための方向性を「課題」と定義づけします（図表3）。

「問題」がギャップを指すためにネガティブな表現なのに対して、「課題」は問題解決の方向性なので基本的にはポジティブな表現です。

「現状から何かしらの手立てを講じることでギャップを埋める」というのは、ギャップを埋めるための課題を設定し、具体的な行動・アクション・解決策を構想・計画し、実行することです。これがＰＤＣＡのＰ（Plan）と

Ｄ（Do）に該当します。

行動計画・解決策を実行した結果、実際にギャップが埋まったかどうかを進捗確認し、効果を検証するのがＰＤＣＡのＣ（Check）です。

もし想定していたようにギャップが埋まらなかったのであれば、計画を修正したり、追加施策を検討するなど、次なる行動・解決策を実行して引き続きギャップを埋めてあるべき姿や目標に向かう必要があります。これがＰＤＣＡのＡ（Action）です。

「ＰＤＣＡ」という言葉は誰しもが耳にしたことがあり日常的に使っている言葉ですが、その本質の理解がないと、単に「当たり前にやるべきことの計画をし、ルーティン活動として実行し、活動報告をしておしまい」という流れになってしまいます。たとえば、朝礼でその日の業務予定を報告し、朝礼後に業務をスタートし、終礼で今日の業務内容を報告するなどのイメージです。

本来のＰＤＣＡは、Ｐの前に「あるべき姿・目標と現状とのギャップ」が存在します。そのギャップを埋めるためのＰになっているかどうか、Ｄの結果で実際にそのギャップが埋まったのかどうかという視点が必要です。

次に、マネジメントの定義「ありたい姿に組織を近づけていくために、リソースを活用してPDCAを回して問題解決すること」の中の「ありたい姿に組織を近づけていく」を掘り下げましょう。

ここまでの解説を踏まえると、「ありたい姿に組織を近づける」というのは「PDCAを回して問題解決する」ということと同じ構造であり同義であることがわかるでしょう。「現状からPDCAを回してありたい姿に近づける」のです。

残るは、「リソースを活用して」の箇所です。

リソースとは一般に「経営資源」と訳され、「ヒト」「モノ」「カネ」が三大リソースと呼ばれます。

ヒト……その組織に属する社員やスタッフであり、自分の部下に該当
モノ…建物、設備、機械、パソコン、コピー機などの業務を遂行する上で使うすべての物
カネ…使える予算

その他、情報やノウハウ、ブランドなどもリソースに挙げられます。

「リソースを活用して」ということは、つまりマネジメントを行う管理者やマネージャーは、ヒト・モノ・カネおよびそれを活用する権限を会社から与えられているということです。マネージャーは、自らの役割において与えられたリソースをうまく使って問題解決・目標達成することが求められます。

ヒト・モノ・カネを活用する上で、マネージャーによりその巧拙に違いが生じます。設備投資にあたって投資額に見合った最大限の利益を得られるようなプランを考えること、その資金の調達を効果的に行うこと、事業運営において組織の一体感を作り部下一人ひとりのモチベーションや能力を最大化させることなどができるマネージャーとそうでないマネージャーでは、創出する価値に大きな違いが出るのです。

ここまで、マネージャーのマネジメントの役割をまとめてきましたが、マネジメントとは思ったよりも広い意味が含まれているのではないでしょうか。

そう考えると、「多忙で、評価作業や部下との面談が面倒くさい」「人も予算も不足していて、とても目標達成できない」などのマネージャーの日々の悩みや不満にも、次のように回答することができます。

「多忙で、評価作業や部下との面談が面倒くさい」

あなたは会社からリソースを預かっていて、そのリソースを活用してチームの問題解決・目標達成を求められています。部下を評価し、面談することは部下の成長や部下の目標達成を実現するためのプロセスであり、それがチームの問題解決や目標達成につながるわけなので、まさにマネージャーとして一番の仕事であり、やるべきミッションなのではないでしょうか。

「人も予算も不足していて、とても目標達成できない」

リソースが不足するならば、交渉すればよいのです。ヒト・モノ・カネそれぞれの現状がどうで、どの程度不足し、それが充足することによって何ができるようになり、その投資に見合ってどのような成果を創出することができるのかを、上司や経営陣にプレゼンし認めてもらえばよいのです。「足りない」と言っているだけよりは、よほど建設的な行動です。もし認めてもらえないならば、これまでの信頼や実績が不足しているのか、投資に見合う成果が見えないからなのかもしれません。

4 個人任せのマネジメントと、自社として確立した組織マネジメント

人によるマネジメントレベルのバラつきが生じる理由

このように管理職やマネージャーの役割として求められるマネジメント活動を、管理職になり立ての場合、どのようにスタートしていけばよいでしょうか。

・管理職やマネージャーに昇進する際にマネジメントの考え方やスキルを習得するような管理職研修・マネジメント研修を受講する
・書籍などでマネジメントスキルのポイントを学ぶ
・これまでの上司がやっていたことを見よう見まねで取り入れる

などが挙げられるでしょうか。

これでマネジメント活動が推進できればよいですが、実際には人によるバラつきや抜け漏れが生じます。つまり、マネジメントがうまくできる人とそうでない人が現れます。それによって目標達成の確実性や生産性、部下の成長度合いにも差が出ます。

その理由は、マネジメント活動を個人任せにしているためです。

「個人任せのマネジメント」とは

個人任せのマネジメントとは、次のようなものです（図表4）。

①マネジメント知識・スキルに関するインプット（教育・研修）がない、あるいはあったとしても一般論止まりのインプットとなっている
②インプットしたマネジメントスキルをアウトプットする際の組織としての実践の仕組みやフォーマットがなく個人に委ねられている

図表4　個人任せのマネジメント

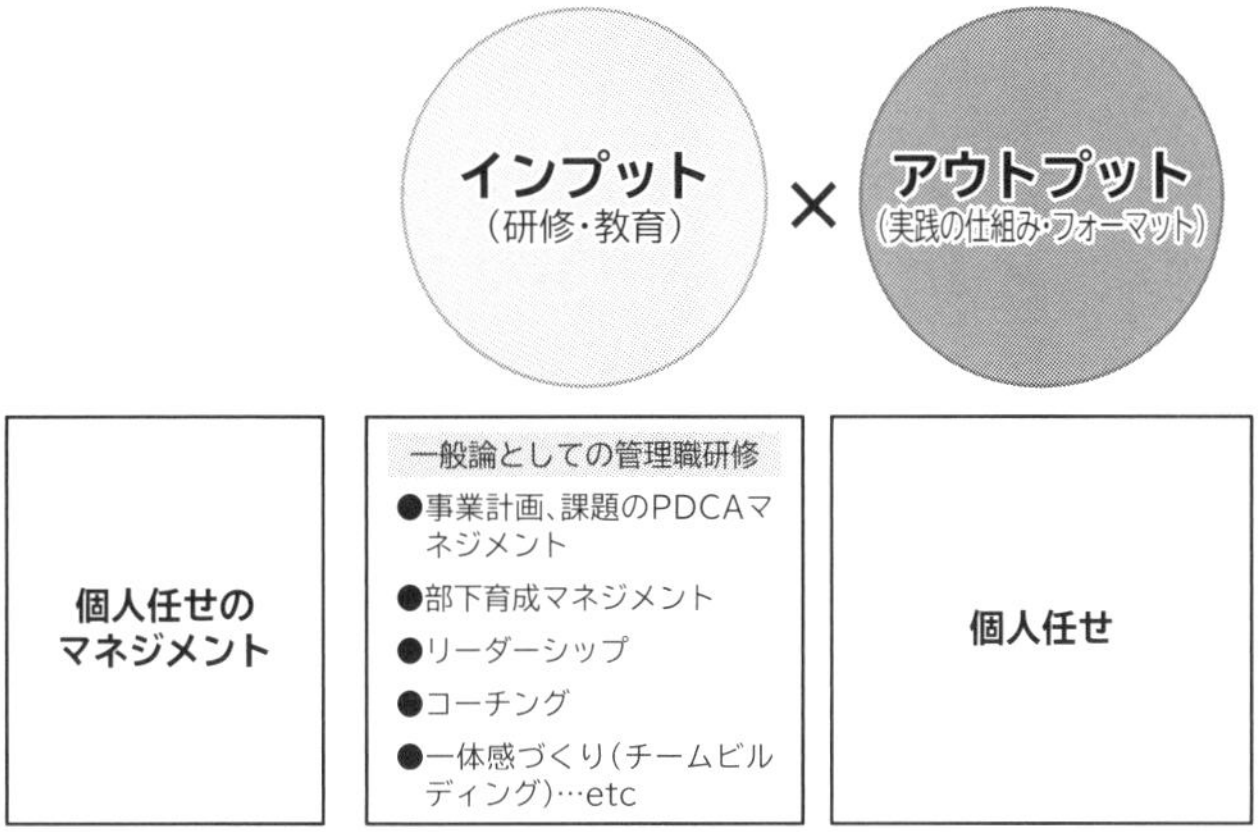

この個人任せのマネジメントが行われている企業で、実際にうまくマネジメントができるマネージャーは1、2割しかいないでしょう。生まれ持ったセンスなのか、書籍や研修で学んだことを実践し経験を積みながらスキルを高める努力をしているのか、何らかの工夫でマネジメントを実践できる人です。

一方、残りの8、9割は成果の出ない我流のマネジメントを行っているのです。

一昔前ならばそれでもよかったのです。国の経済成長に伴い会社も成長基調にあり、多少目標達成ができていない人がいても、あるいは生産性の低い部門があっても、全体として業績が向上し成長していれば問題なかったのです。その中で、自ら学び工夫をしてマネジメントを行い目標達成・成長を実現できるマネージャーが高く評価され、昇格し、さらに上のポストである部長や役員に昇進していく。そうではないマネージャーは今のポジションを維持していくというのが暗黙のルールだったのです。

マネージャー全員のマネジメントレベルを向上させる

しかし、時代は変わりました。

かつてない人手不足の中で、働き方改革に伴う労働時間規制もスタートし、そのしわ寄せがマネージャーを襲っています。会社全体でも持続的な付加価値向上や生産性向上が必須となっている状態で、マネジメントレベルが低いままでは目標達成も成長も実現できません。「工夫できないマネージャーは出世できない」という話で終わらせているほどの余裕はもはや会社に残っていません。

それならば、すべてのマネージャーのマネジメントレベルを向上させ、1、2割の優れたマネージャーだけでなく、全員で目標達成や成長を実現できたほうがよいはずです。

そのために、マネジメント活動を効果的に推進するためのマネジメントの考え方やマネジメントルールを標準化、つまりフォーマットや手順を統一、推進する上でのポイントや勘所の共有などを組織全体で行い、全員が武器として使えるようにします。

さらには、確立したマネジメントマネジメントルールを習得・定着、さらにレベルアップするためのマネージャー向けの研修を行います。つまり、一般論としての研修ではなく、自社のルール・ツールを使いこなすための実践的な研修です。

たとえば、ここで企画するのは、一般論としてのコーチングの知識は前提として別の場で習得しておき、自社の人事評価シートや面談記録表を活用して具体的にどのようなやり取りをするのかを具体的に習得したり、ロールプレイングなどを実施するような内容です。

これが、個人任せではなく「自社として確立した組織マネジメント」を実践する仕組みです（図表５）。

人事評価制度こそが目標達成・部下育成を実現させるマネジメントツール

マネージャーは、対面・リモートどちらにおいても、仕事の進め方や管理の基本を押さえた上で、マネジメント活動を推進することが求められます。

図表5　自社として確立した組織マネジメント

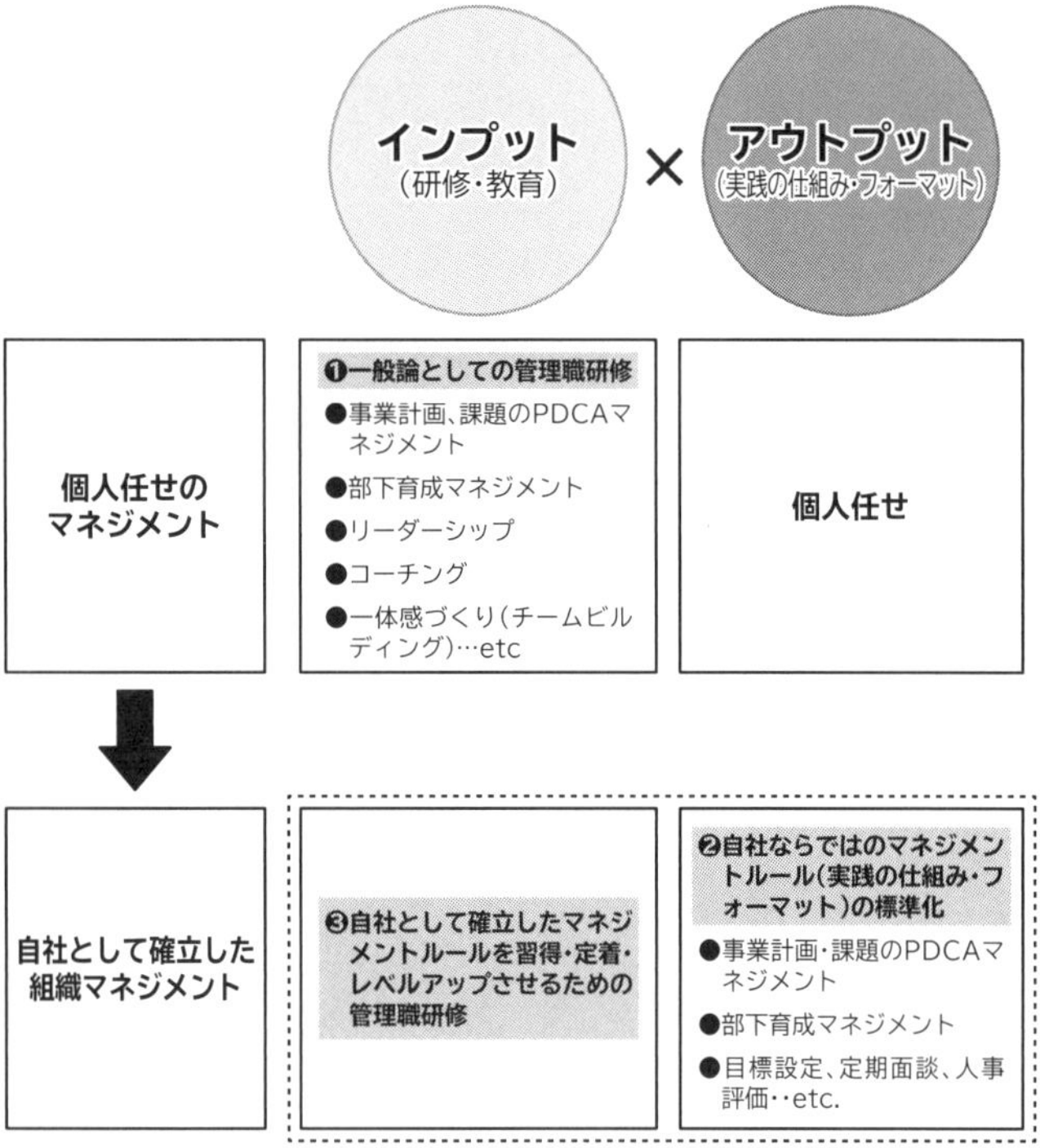
インプット
（研修・教育）
×
アウトプット
（実践の仕組み・フォーマット）
個人任せの
マネジメント
❶一般論としての管理職研修
●事業計画、課題のPDCAマネジメント
●部下育成マネジメント
●リーダーシップ
●コーチング
●一体感づくり（チームビルディング）…etc
個人任せ
自社として確立した
組織マネジメント
❸自社として確立したマネジメントルールを習得・定着・レベルアップさせるための管理職研修
❷自社ならではのマネジメントルール（実践の仕組み・フォーマット）の標準化
●事業計画・課題のPDCAマネジメント
●部下育成マネジメント
●目標設定、定期面談、人事評価・・etc.

会社・人事部としては、それを自社として確立した組織マネジメントとして確立する必要があります。

改めて、これらのマネジメント活動や組織マネジメントの確立は何のために行うのでしょうか？

それは、業績を向上させ、会社を成長させるためです。

会社や部門の業績向上や会社の成長のために必要なマネジメントとは、ビジョンや組織目標達成のためのＰＤＣＡと部下育成のためのＰＤＣＡを回し、実際にビジョン・組織目標を達成し、実際に部下を成長させることです。

多くの会社の人事評価制度において、人事評価シートは、業績評価（目標管理）面と能力・行動評価面の２つの視点で構成されています。

これは単に、

・当たり前の感覚として、まずは成果や業績を評価しよう
・それだけではなく、結果を生み出すプロセスとして、期中の能力・行動の発揮度合いも併せて評価しよう

という狭義の評価（査定）の考え方として捉えるのではなく、

・業績評価……目標達成のためのＰＤＣＡを回すためのマネジメントツール
・能力・行動評価……部下育成のためのＰＤＡＣを回すためのマネジメントツール

として捉えていただきたいのです。

人事評価制度をマネジメントツールとしてうまく活用することができれば、目標達成も部下育成も効率的に実現できるということです。

第２章では、人事評価制度というマネジメントツールの考え方をさらに掘り下げて紹介します。

本章のポイント

□テレワーク導入に伴って起こったと思われている問題は、そのほとんどが誤解であり、「そもそもできていないし、やっていなかったこと」が顕在化しただけのことである。

□仕事の進め方の基本・仕事の管理の基本の3つのステップを、4つの視点に基づいて、部下によって使い分けて進めることがマネジメントの大前提であり、人事評価制度をマネジメントツールとして運用する上での大前提である。この管理は「テレワーク下だから必要なこと」ではなく、日常的に必要なことである。

□幹部・管理職に求められるマネジメントとは、日常の管理業務ではなく、経営レベルのマネジメントである。経営レベルのマネジメントとは、「ありたい姿に組織を近づけていくために、リソースを活用してPDCAを回して問題解決すること」である。

□個人任せのマネジメントから脱却し、自社として確立した組織マネジメントを実践する仕組みを作り、マネージャー全員のマネジメントレベルを向上させる必要がある。そのために、マネジメント活動を効果的に推進するためのマネジメントの考え方やマネジメントツールを標準化、つまりフォーマットや手順を統一、推進する上でのポイントや勘所の共有などを組織全体で行い、全員が武器として使えるようにする。

第2章

人事評価制度の目的

1 形骸化する人事制度とは

人事制度がうまく機能していない会社の姿

中堅・中小企業において「人事制度がまったくない」という会社は少ないでしょうが、「うまく機能している」と言える会社もまた非常に少ないものです。

人事部門の責任者や担当者から、次のような声をよく聞きます。

「人事制度の目的や効果が社員に理解されていないまま、定例作業として進んでいる気がする」

「人事評価の時期になって、人事部から評価・面談のアナウンスをすると、社内で『この忙しいときにまた面倒だな』だという空気が流れる」

「評価や面談、評価会議に費やす時間が負担で『業務運営に支障をきたすのでなんとかしてほしい』という不満の声がある」

「評価者である上司も、被評価者である部下も、面談が憂鬱と感じていると思う」

「当社の評価制度は査定のための評価制度であり、育成・教育と切り離されていて断絶してしまっていると思う」

「評価だけで時間もエネルギーも割かれてしまう上に、評価が終わると同時に次の目標設定が始まり、じっくり考える間もなく記入・提出を求められ、間に合わせの作業で欄を埋めるだけの質の低い目標設定になってしまう傾向がある」

以上の声を踏まえて、私がこれまでに支援させていただいた多くの会社に共通する評価制度や人材育成についての問題意識・機能不全の代表的な症状例と、それを解決した後のありたい姿を以下にまとめます。

〈問題意識・機能不全の症状例〉

・人事評価・面談のアナウンスをすると社内で面倒な空気が流れる
・評価は期末の終わりの行事であり、期の振り返りと評価の理由の伝達
・憂鬱でお互いに気の乗らない面談
・未計画で現場丸投げのＯＪＴ、新人指導止まりのＯＪＴ
・一般論ばかりでマンネリ化している階層的研修の実施
・自分の仕事は普段の日常業務であり、＋αの評価作業・面談、＋αの研修受講はおまけの仕事
・個人任せのマネジメントで、目標達成・成長するかどうかはフタを開けてみないとわからない

思い当たる問題意識はあるでしょうか？
これらの問題意識を解消し、次のような制度運用を目指したいものです。

〈ありたい姿〉
・査定は差をつけるのが目的でないので、手間暇をかけずに終わらせる

・評価は期初スタートに向けての出発点であり、未来の話がメイン
・「評価→育成」がセットであり、評価は育成の出発点
・日常の当たり前のコミュニケーションとしての面談
・指導ではなく育成のための計画的なＯＪＴ
・一般論ではなく実践と紐づけた研修
・自社として確立した組織マネジメントで、成長のための再現性のある仕組みで目標達成や成長を実現する

そもそも人事制度の目的を間違えている会社が多い

人事制度とは、そもそも何のためにあるのでしょうか？　筆者が人事制度についての悩みや相談を受けた際に、実際の制度や運用状況をたずねると「そもそもの目的」のところで間違っていると感じるケースが多いのです。

よく耳にするのは、次のような目的です。

「成果を出している社員や能力のある社員とそうでない社員で給与が一緒だったら不公平だから、できる社員とできない社員で報酬に適切に差がつくようにしたい」

→できる社員とできない社員で報酬に適切に差をつけるための評価制度

「これまで社長の私がものすごい時間をかけて一人ひとりの査定をして給与を決めていたが、『何を評価されているのかわからない』という不満の声が多い。また『社長が鉛筆をなめて給与を決めている』なんて言われて。こちらの苦労も知らずに……。せっかくの機会なので、誰が見ても納得できる査定基準と合理的な報酬決定ルールを作りたい」

→誰が見ても納得できる査定基準と合理的な報酬決定ルールを作るための評価制度

「これまでは会社の規模も小さかったので一人ひとりの顔も仕事も見られていたが、社員数が20人を超えたくらいから、それがちょっと難しくなってきた。それに評価制度もないというのもどうなのかと思い、それなりの組織になった証として感覚ではなく会社の仕組みで運営したいと考えている」

→それなりの組織になった証として作る評価制度

以上はありがちな目的ですが、これらを目的として掲げても、人事制度がうまく機能することは難しいでしょう。その理由は次のとおりです。

〈社員の報酬に差をつけると、上がる人と下がる人が出てきて、下がる人のモチベーションが単純に下がる。また、上がる人のモチベーション向上効果は持続性が低い〉

報酬が上がった人のモチベーション向上は一過性であり、すぐにそれが当たり前となります。また、報酬が下がった人の意識ががらりと変わり成果を上げるようになるかというと、そんなに単純な話ではありません。

結果として、組織全体でのトータルのモチベーション向上効果はありません。

〈査定基準や報酬決定ルールが明確になると、査定や報酬を決める経営者の苦労は減るが、現場の負荷が高まる〉

査定基準や報酬決定ルールを作っても次なる不満が聞こえます。それは、「現場の負荷が高く、運用しきれない」です。査定基準や報酬決定ルールが明確になると、査定や報酬を決める経営者の苦労は減りますが、現場の負荷が高まるのです。

自分たちで一連の目標設定・運用・評価・フィードバックを丁寧に進めるのではなく、普段は何の負荷もない状態で期末になってＡＩで評価入力ボタンを押すと評価点数が自動的に出てくるようなものがあるならば別ですが、当然ながらそんな便利なものはありません。

〈それなりの組織になった証として作るのが目的であれば、人事制度ができあがった瞬間に自己満足して、運用のマンネリ化が始まる〉

それなりの組織になった証として作るのが目的であれば、人事制度ができあがった瞬間には満足します。しかし、制度ができあがるのは目的であり、そこから運用の負荷のみが継続し、マンネリ化するという状態が目指す姿ではないでしょう。そこからがスタートであり、運用しながら本来の目的、ありたい姿、得たい効果を目指すのです。

人事制度の運用は投資である

では、人事制度の本来の目的とは何でしょうか。

たしかに、社員の報酬に差がつき、経営者の苦労が減り、それなりの組織の証ができました。しかし、これらを実現することが「真の目的」でよいのでしょうか？　もし仮に、この目的で人事制度を行った場合、成果や効果は本当に生まれるでしょうか？

人事制度の運用には毎年多大な工数がかかります。そして、その工数の大部分は現場の負荷となります。どんなにきれいごとを言っても、人事制度という大掛かりな仕組みを運用するには大きな投資が必要です。投資ですから、それに見合ったリターンを回収しなければなりません。「投資が必要だ」という現実を直視し、「それでもこれだけの効果・リターンがあるので、徹底して運用しよう」という心積もりで人事制度を展開する必要があるのです。

人事制度運用によって得られる効果よりも、人事制度運用の負荷のほうが高ければ、人事制度は必ず形骸化します。

2 人事制度の真の目的は、社員の成長を後押し、経営成果と業績向上につなげること

人事制度運用で得られるリターン・効果とは

それでは、人事制度運用で得られるリターン・効果とは何でしょうか？

経営として投資をするのですから、最も大きな目指すべき効果は、「業績向上・長期的な利益の最大化・会社の成長」であるはずです。その投資に対する効果を得られるための人事制度の内容であり、運用でなければなりません。

逆に言えば、社員の成長や業績向上、会社成長が実現できていないにもかかわらず、次のような結果が生まれるだけでは人事制度の意味がないのです。

・社員の給与に差がつくようになった
・しっかりした査定基準ができて経営者の苦労が減った
・それなりの組織としての証ができた
・内部管理ツールができあがった

人事制度の目的は「目標管理・評価制度というマネジメントツールを活用してマネジメント活動を推進し、社員の成長を後押しし、経営成果と業績向上につなげること」であり、その目的を目指した人事制度を「成長実現型人事制度」と定義します。

そのために、次の経営レベルのサイクルを実現する必要があります。

①人事制度によって、社員に求めるものを明確にする
↓
②社員に求めるものができるようになるように、社員が成長する
↓
③社員に求めるものを実行・達成することで業績が向上し、会社が成長する

会社として社員に求めるものを明確にする

最初にチェックすべきは、「会社として社員に求めるものを明確にする」作業です。

社員に求めるものが明らかになっている状態とは次の条件を満たす必要があります。

①言語化して文字として伝えているか？

経営陣や上司から、日々さまざまなメッセージが口頭で伝えられます。

「これからは個の自律が必要だ」

「生産性向上が最大の課題だ」

「現状の延長線上ではなく、既存概念を打ち壊すアイディアを出そう」

これらは社員に求めているものであるはずですが、耳から耳へ通り抜けるだけではダメです。その時々によって、また人によって表現やニュアンスが変わってしまいますので、言葉としてどこかに書かれている状態にするのが第1の条件です。

行動指針のように社内で掲げられているのでもよいですし、等級基準や人事評価シートの項目、スキルマップ、教育のゴールイメージなどのように、人事制度の中で言葉に落とし込むことが必要です。

②抽象的ではなく、具体的に伝えているか？

部長のあなたが、

「幹部なんだからもっと高い視点で考えてほしい」

「幹部として、自部門だけではなく会社全体のことを管理してほしい」

と社長に言われたら、どのように応対するでしょうか。

「はい、わかりました」となるのでしょうが、果たして何がわかったのでしょうか？

「高い視点とは何か？」

「会社全体の管理とは何か？」

が具体的になっているでしょうか？　あるいは、自分なりの解釈ができていたとして、その解釈は社長の解釈と同じ内容でしょうか？

その認識のすり合わせ・ギャップの解消ができていなければ、社長がこの部長に求めているものは実現されないままです。

さて、ここで言語化・具体化した項目はなぜ重要なのでしょうか？

それは、社員に求めるものを実行することで業績向上につながるためです。

逆に言うと、「社員が何をすれば業績向上、会社成長につながるのか」を論理的に分解し、そのツボとなるものを「会社として社員に求めるもの」として伝える必要があります。「理念や戦略と連動した自社らしさ」が盛り込まれ、業績向上につながる行動や成果のイメージが明確になっているならば、ツボを押さえられているでしょう。

逆に、自社の評価制度・人事評価シートを確認して、何となく「協調性」「責任感」などの抽象的かつ一般的な評価項目が並んでいるならば、恐らく形骸化しているでしょう。

各種調査で、「社員が不満に感じていること」のトップ3に挙がるのは「評価への不満」です。しかし、その中身は「自分の評価結果に納得がいかない」とか「評価基準が不透明」ではなく、「具体的に何を求められていて、何を評価されるのかがわからない」です。

評価結果や評価基準は「評価制度のルール」という狭いレベルの問題ですが、「具体的に何を求められている」のかをわかっているというのは、そもそも仕事を進める上の「前提」であるはずです。

3「評価と育成はセット」であることを理解する

評価と育成はなぜセットなのか

「目標管理・評価制度というマネジメントツールを活用してマネジメント活動を推進し、社員の成長を後押しし、経営成果と業績向上につなげる」という目的を実現するために、前項の経営レベルのサイクルを次のように肉づけします。

1．人事制度（等級基準や評価項目、目標設定）によって、社員に求めるものを明確にする（期待要件の明確化）

↓

2. 社員に求めるものができるようになる（＝達成・成長）ように、
①求めるものに対して、何ができていて何ができていないのかを共有する（人事評価）
②ギャップを埋めるため、目標達成するためにどうするかを検討する（育成計画、課題・行動計画）
③ギャップを埋める（育成計画の実行による育成・成長、行動計画の実行による目標達成）
↓
3. 社員に求めるものを実行・達成することで業績が向上し、会社が成長する（会社の成長）

まず次ページの図表6で着目したい1点目は、「評価と育成はセット」であるということです。

多くの場合、評価についての考え方と育成についての考え方は別の場で語られがちですし、評価制度と育成制度・教育制度が別個で走っている会社がほとんどですが、この2つ

図表６　評価と育成はセット

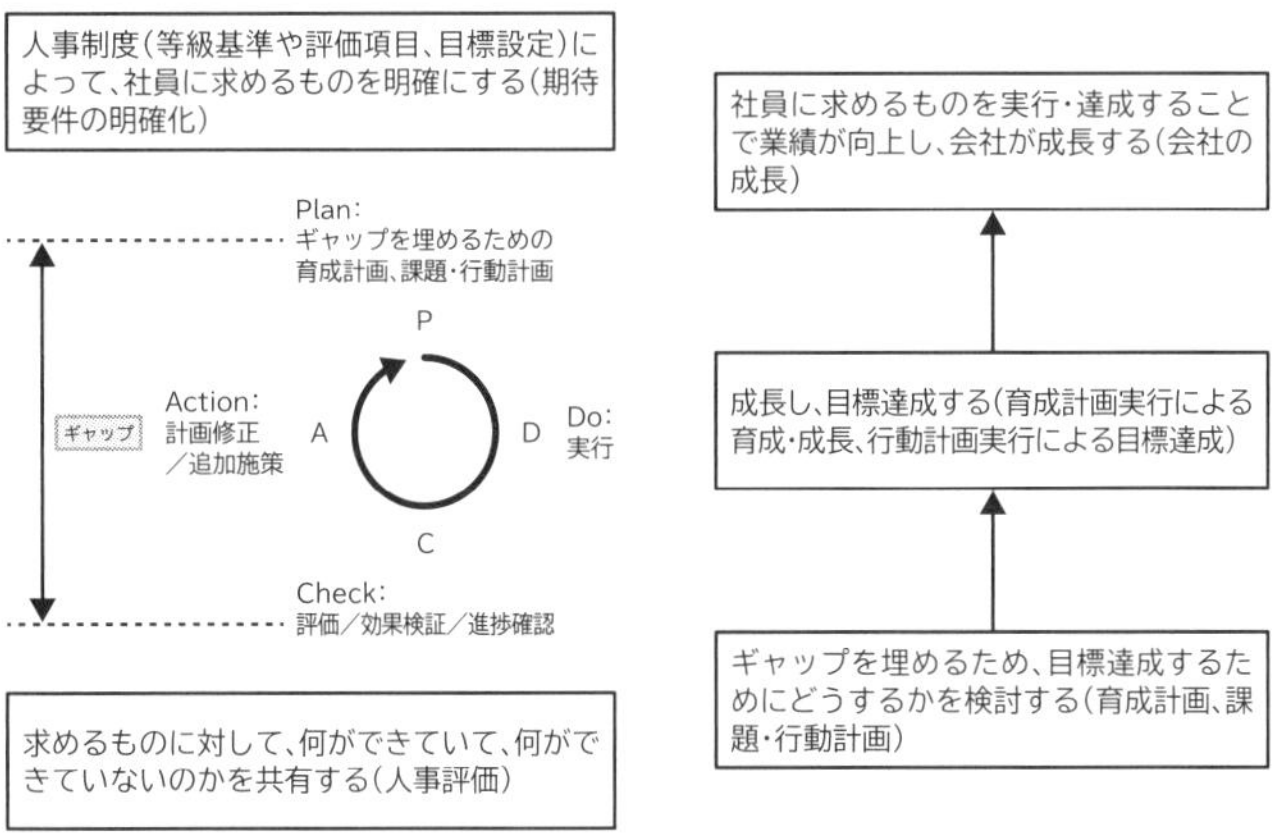
人事制度（等級基準や評価項目、目標設定）によって、社員に求めるものを明確にする（期待要件の明確化）
Plan：
ギャップを埋めるための
育成計画、課題・行動計画
P
Action：
計画修正
／追加施策
ギャップ
A
D
Do：
実行
C
Check：
評価／効果検証／進捗確認
求めるものに対して、何ができていて、何ができていないのかを共有する（人事評価）
社員に求めるものを実行・達成することで業績が向上し、会社が成長する（会社の成長）
成長し、目標達成する（育成計画実行による育成・成長、行動計画実行による目標達成）
ギャップを埋めるため、目標達成するためにどうするかを検討する（育成計画、課題・行動計画）

は必ずセットで捉えなければなりません。

社員に求めるもの＝人材育成・教育の目標であり、それに対して現状があります。

この現状を測るのが「人事評価」です。

求められているものに対して、「何ができていて、何ができていないのか」を評価するのです。できていないものが、求められているものとの「ギャップ」であり、育成や教育はそのギャップを埋めるための手段です。

育成や教育というと、「研修を実施する」「OJTで指導する」というイメージが湧きますが、本質は「社員に求められるものと現状とのギャップを埋める」ことであり、研修やOJTはそのための手段にすぎません。

教育計画・育成計画を立て、それに沿って

教育がなされ、できていないものができるようになる（＝求められるものができるようになる）という状態が、本人にとっての「成長した」であり、上司にとって「育成した」なのです。

その状態を実現できていないのに、「成長した」「人材育成に力を入れた」という表現を使うことはできません。

ということは、教育や育成の前提は「社員に求めるもの」が明確になっていることです。それが、等級基準や評価項目です。等級基準や評価項目に対して、できていないものをできるようにするのが教育・育成・成長です。

評価と育成を連動させるために必要なこと

では、実際の職場において評価と育成が連動できているでしょうか？

多くの会社では、以下のようなことになっていることが多いでしょう。

・評価制度が査定としての機能のみで、「公平な評価→納得感のあるフィードバック」に

重きが置かれている

・教育は、階層別研修の実施と現場任せの名ばかりＯＪＴの実施

これでは評価と育成はまったく連動できていません。

評価と育成を連動させるためには、次のような流れが必要です。

①評価とフィードバックによって、求められるものに対して何ができ、何ができていないかを確認する
②できていないものをどのようにできるようにするのかを検討し、成長課題を設定し、育成計画を作成する
③成長課題への取り組みや育成計画の実行をスタートする

マネージャーであれば、部下と向き合う中でこの①～③が実践できているかを自問自答してみましょう。

また、人事部としては、全社的に①～③が実践できているかを確認するとともに、実践

できていないならば何が原因なのかを検討し、実践するための組織としての仕組み作りを進める必要があります。

たとえば、次のような課題があります。

・人事評価・面談のガイドブックや人事イベントの告知の中でそもそも評価と育成がセットであるということや具体的なＴｏＤｏを評価者に伝えているか？
・評価シートに育成課題・育成計画などを記入できるようなフォーマット上の工夫がされているか？

これらを各評価者任せにするのではなく、組織としての仕組み作りを担うのが人事部の役割です。

人事評価は「期末の儀式」であってはならない

「評価と育成がセット」であることを踏まえて、図表6で着目したい2点目は「順序」です。

企業の年間のＰＤＣＡサイクルからすると、

・期初に当期の目標設定・行動計画や教育計画・研修計画を立てる
・期中にそれを遂行・実行する
・期末に評価する

というイメージがありますが、ＰＤＣＡのスタートは「期末」でなければなりません。評価と同時に、できていないものをできるようにするため、またさらに能力を伸ばすために今後どうしていくのか、どのように成長・経験を積むかという未来について考える場です。

つまり、人事評価は「期末の儀式」ではなく、「期初のスタート」です。

期末の儀式と考えるから、「終わった過去の査定→結果のフィードバック」で終わってしまいます。過去のこと・終わったことと捉えるから、評価や面談に能動的に取り組むモチベーションがなくなりがちですが、未来のことならば真剣に向き合う必要があります。

自社で行われているフィードバック面談を思い出してみましょう。評価と育成がセット

で運用できているかの判断基準は、「未来に向けての会話」の比重のほうが多くなっている
かどうかです。

4 人事評価制度が、マネジメントツールではなく、査定ツールになっていないか？

評価制度を運用するための問題意識

人事制度を「マネジメントツール」として素直に使っていけば、自ずと「あるべき姿」と現状とのギャップの発見」「ギャップを埋めるための構想・計画」「計画実行によるギャップの解消＝問題解決・目標達成」を回していくことができます。

しかし、現実には「マネジメントツール」として素直に使われていません。

評価制度を運用する上での問題意識として図表7のようなものが挙げられます。

この一つひとつの問いに対して、ＹＥＳであるならば問題は生じません。

図表7　評価制度を運用する上での問題意識

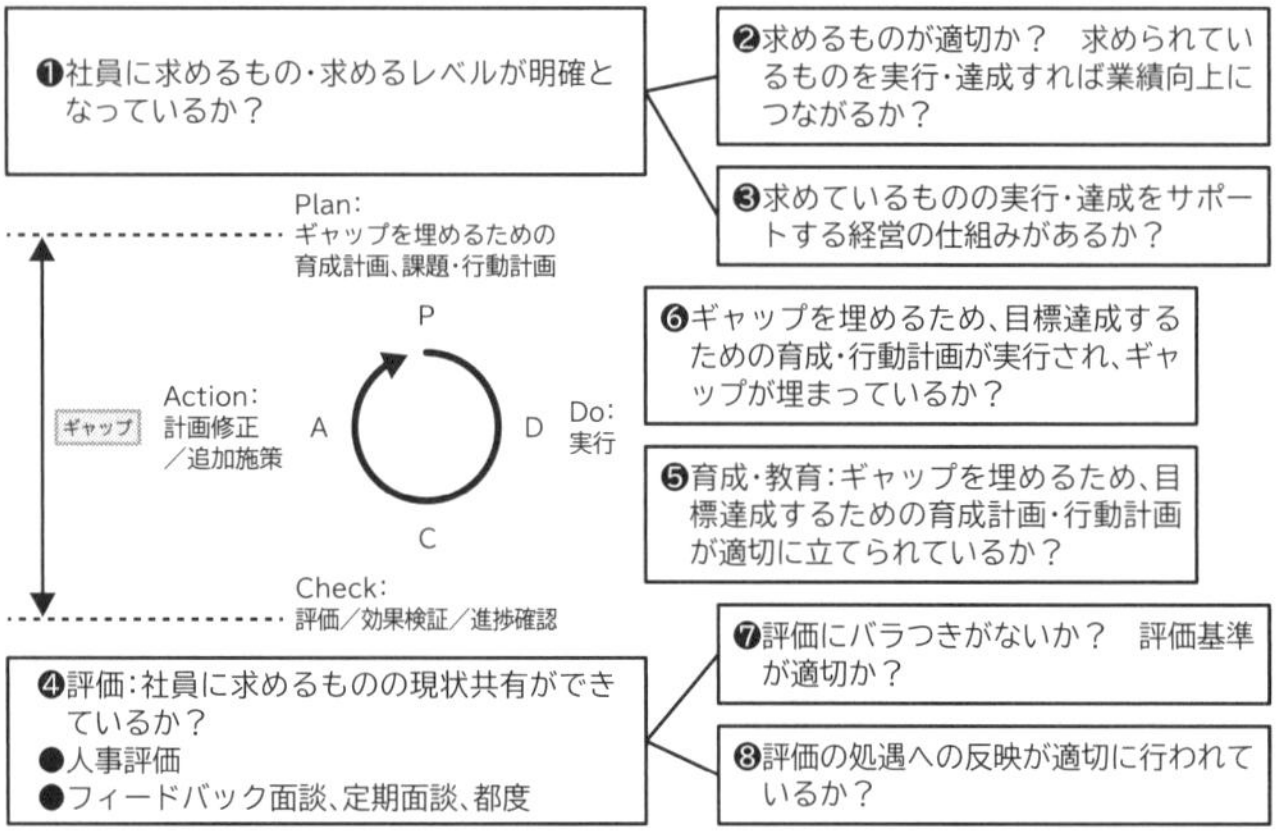
❶社員に求めるもの・求めるレベルが明確となっているか？
❷求めるものが適切か？　求められているものを実行・達成すれば業績向上につながるか？
❸求めているものの実行・達成をサポートする経営の仕組みがあるか？
Plan：
ギャップを埋めるための
育成計画、課題・行動計画
P
ギャップ
Action：
計画修正
／追加施策
A
D
Do：
実行
C
Check：
評価／効果検証／進捗確認
❻ギャップを埋めるため、目標達成するための育成・行動計画が実行され、ギャップが埋まっているか？
❺育成・教育：ギャップを埋めるため、目標達成するための育成計画・行動計画が適切に立てられているか？
❹評価：社員に求めるものの現状共有ができているか？
●人事評価
●フィードバック面談、定期面談、都度
❼評価にバラつきがないか？　評価基準が適切か？
❽評価の処遇への反映が適切に行われているか？

しかし、大多数の会社では「査定のためのツール」として活用されているため、次の④、⑦、⑧の問題意識がフォーカスされます。

「④評価：社員に求めるものの現状共有ができているか？」

・査定結果が期限までに提出されているか

・フィードバック面談を必ず実施しているか？

「⑦評価にバラつきがないか？　評価基準が適切か？」

・評価者間で評価基準のすり合わせができているか？

・部門間や評価者間での評価のバラつきが

ないか？

・評価会議で適切な評価調整がされているか？

「⑧評価の処遇への反映が適切に行われているか？」

・適切な評定づけが行われているか？

・評定の昇格・昇給・賞与への反映が適切に行われているか？（個人間のバランス調整、前年対比でのバランス調整など）

④⑦⑧が重点的にフォーカスされるため、次の⑤⑥の部分が抜けてしまいます。

「⑤育成・教育：ギャップを埋めるため、目標達成するための育成計画・行動計画が適切に立てられているか？」

・ギャップの理由を明確にしているか？

・ギャップを埋めるための課題が明確となっているか？

・翌期の育成計画・行動計画が具体的に立てられているか？

「⑥ギャップを埋めるため、目標達成するための育成・行動計画が実行され、ギャップが埋まっているか？」

・育成計画・行動計画が実行されているか？
・計画実行によって目標達成・成長が実現できているか？
・想定ほどの効果が出ていないならば、その原因を追求し、計画の修正ができているか？

時間やエネルギーは「評価→育成・成長」と「目標設定→目標達成」へ

これら⑤と⑥が抜けるということは、ここからの人事部や現場の時間やエネルギーは「査定→処遇決定」のみに費やされることになります。

⑤や⑥に時間やエネルギーが割かれなくなるということは、当然ながらギャップが埋まる方向には進んでいきません。結果として、目標達成はできず、育成・成長もできていないということです。

「目標達成できなかったこと、成長できていないことを期末に事後的に正しく評価すること」に、時間とエネルギーを注ぐ意味はありません。

時間やエネルギーは「査定→処遇決定」ではなく、「評価→育成・成長」と「目標設定→目標達成」のためのマネジメントに活用しなければなりません。なぜならば、「目標達成や成長に向けてのPDCAを回してそれを実現すること」のほうが重要だからです。

評価のバラつき解消には一生懸命時間をかけながらも、マネージャーの「目標達成や部下の成長に向けてのPDCAを回してそれを実現する」というマネジメントスキルのバラつきを放置している会社がいかに多いことでしょうか。

人事評価制度を、「目標達成のためのPDCAサイクルを回すべく「目標設定→目標達成ツール」として活用し、人材育成のPDCAサイクルを回すべく「評価→育成ツール」として活用すべきということを経営陣、人事責任者が認識しているでしょうか？　またそれらを評価者であるマネージャーに伝えているでしょうか？

その認識がそもそも欠けている、あるいは考え方をマネージャーに伝えていないため、点数づけとしての査定とその結果を伝えるためのお互いに気の乗らない評価面談、フィードバック面談のみがマンネリ化して行われているのです。説明が不足しているままで運用の負荷を現場に押しつけられては必ず不満が生じるでしょう。「評価制度運用による負荷＞人事制度運用によるリターン・効果」となっているのですから当然です。

5 査定のための評価はもうやめる

評価点数の意味

そもそも、査定のための評価を行うことやそれに時間を費やすことの必要性は薄いですし、効果的ではありません。

「評価」という言葉を耳にすると、どうしても緊張感や拒否反応が生じます。

私たちは、「人から評価をされる」のが好きではないのです。

ここで言う評価とは、「査定」の意味合いです。

「あなたはがんばったから80点」「あなたは目標未達成だからC評価」「あなたは合格」「あなたは不合格」のような査定です。

それでもわざわざ会社で査定をする目的は、査定結果を処遇へ反映させるためです。つまり、昇格の是非や昇給、賞与の額を決めるためです。

「評価点数によって、SS評価、S評価、A評価、B評価、C評価、D評価、E評価の7段階の評定づけをする」「2年連続A評価だと昇格の基準を満たす」「賞与の基本支給月数は3カ月分だが、A評価の場合はその1・2倍の3・6カ月分とする」などのような使い方がされることが多いでしょう。

その差をつけるために「評価点数」が必要なのです。

たしかに、100点満点で1点の差で賞与に差がつくのであれば、その1点の差が本当に妥当なのか、評価基準が揃っているのか、目標の難易度や達成度が適切に加味されているのかを気にする必要があります。

だからこそ、前述した

「⑦評価にバラつきがないか？　評価基準が適切か？」

・評価者間で評価基準のすり合わせができているか

・部門間や評価者間での評価のバラつきがないか

・評価会議で適切な評価調整がされているか

に時間とエネルギーがフォーカスされることになるのです。

評定段階を細分化することは無意味

しかし、ここで考えていただきたいのは、「評価点数の差を細かく処遇に反映させる必要がそもそもあるのだろうか？」という点です。7段階などの細かい評定段階を設けるから点数で分けざるを得なくなってしまいます。

「誰を昇格させるべきか」「誰がA評価にふさわしいか」を決めるために、精緻な評価基準と複雑かつ手間のかかる運用は不要です。

具体的には、評定は3段階（例　A・B・C）ほどの運用とすることをお勧めします。

あるいは、5段階評定（例　S・A・B・C・D）というルールにしておきながら、S評価やD評価は例外扱いとして「よほどの場合でないとつけない」という不文律を設けることです。そうすると、実質的には3段階しかないということと同じです。

図表8　5段階評定の基準例

	相対評価基準	絶対評価基準
S	0～5%	85点～100点
A	15～20%	75点～85点
B	60%	60点～75点
C	15～20%	45点～60点
D	0～5%	～45点

たとえば、5段階評定をするときに、図表8のような基準を作り、この2つの基準を目安に個々の評定づけをします。

実際の運用で効果的だと感じるのは、この割合基準や点数基準はあくまでも「目安」として活用するにとどめて、最終的な評定づけは評価会議で行う方法です。

その理由は、「そもそも評価シートで出てくる評価点数は正しくない」ためです。

6 人事評価シートで出てくる評価点数は正しくない

人事評価における理想と現実のギャップ

多くの会社では次のような考えに基づいて評価制度を運用しようとしています。

〈理想〉
【期初】
・個々人に期待する役割や担当する業務は異なっていても、同じ等級であれば同じレベルの能力・行動を求めるため、同じレベルの役割や業務が割り当てられ、目標のレベルや難易度は同じ程度で設定するべきである。

↓

【期中】

・期初に立てた目標や計画を適宜フォローしながら推進していく

↓

【期末】

・評価者研修などで評価者間の評価基準のすり合わせができているので同じ尺度で評価ができ、部門間や評価者間のバラつきは生じづらい

・バラつきが生じた場合でも評価会議などで調整することで正しい評価に修正できる

教科書的に進めるとこのような表現となるのですが、現実と乖離《かいり》しすぎているのでいつまでも問題が発生し続けます。

現実は次のようなものです。

〈現実〉

【期初】
・個々人に期待する役割や担当する業務が異なっている
・同じ等級でも取り組むべき目標や課題そのものの難易度が異なっている
・目標設定の水準にバラつきがある
←
【期中】
・環境や状況の変化によって当初想定していた目標設定の難易度や目標設定の水準にズレが生じる
・環境や状況の変化によって課題の優先順位や行動計画が修正される
←
【期末】
・評価者間の評価のバラつきが生じる
・達成度をそのまま評価すべきか、情状酌量の余地があるかの判断が行われる

以上の現実のどれか一つの事象でも生じているならば、その結果として出てくる評価点

数は正確ではないということです。つまり、「評価者研修を実施して部門間の評価基準に統一感を図る」だけを改善しても、実際に出てくる評価点数が肌で感じる評価とのズレは完全には修正されません。

教科書的には、あるべき姿に是正するために、これら一つひとつのバラつきやズレを調整・修正しようとします。

たとえば、

【期初】
・個々人に期待する役割や担当する業務が異なっている
・目標設定のレベルや難易度にバラつきがある
↓
〈対策〉目標設定のレベルや難易度の調整を行う
←
【期中】
・環境や状況の変化によって当初想定していた目標設定レベルや難易度にズレが生じる

・環境や状況の変化によって課題の優先順位や行動計画が修正される

↓〈対策〉都度必要に応じて目標・優先順位・行動計画を修正しつつ、期末段階で実態に合わせて難易度や評価ウエイトの修正を行う

←

【期末】

・評価者間の評価のバラつきが生じる

↓〈対策〉評価者間のバラつきが生じないように評価者研修で評価トレーニングをする

・達成度をそのまま評価すべきか、情状酌量の余地があるかの判断が行われる

これら一つひとつのルール化およびルールに基づいた調整・修正は不可欠です。

しかし、その調整・修正をすれば出てくる評価点数が正しくなるのかというと、それは別問題です。

評価時の事例で考えてみる

たとえば、次のような事例を見てみましょう。

〈Aさん：3等級、営業部所属〉
目標：売上目標6000万円の達成（前期売上実績5000万円）
←
実績5500万円

〈Bさん：3等級、人事部所属〉
目標：新卒採用目標人数10人の達成（前期実績5人）
←
実績5人

〈Cさん：3等級、人事部所属〉
目標：今期中に評価制度・報酬制度の改定を行う
　　←
計画どおりに改定完了

3人の評価点数はそれぞれ何点になるでしょうか？

たとえば、各項目の評価基準が図表9だったとしましょう。

Aさんは達成率91・7％なので2点、Bさんは達成率50％なので1点、Cさんは計画どおり達成なので3点となります。

ではこの点数は「正しい」のでしょうか？


個々人に期待する役割や担当する業務は異なっていても、同じ等級であれば同じレベルの能力・行動を求めるため、同じレベルの役割や業務が割り当てられ、目標のレベルや難易度は同じ程度で設定するというのが教科書的な考え方です。

この事例では、3人とも3等級なので、同じレベルの役割や業務が割り当てられ、目標

図表9　評価項目の評価基準例

	数値目標達成率	定性目標達成度合い
5点	120%～	目標・計画を大きく上回る
4点	110～120%～	目標・計画を上回る
3点	100～110%～	目標・計画どおり
2点	90～100%～	目標・計画にやや未達
1点	～90%	目標・計画に大きく未達

のレベルや難易度は同じ程度に設定できているでしょうか？

まず、同じレベルの役割や業務とは何なのでしょうか。売上目標を達成したい営業メンバーと、新卒採用を担当する人事部メンバーと、人事制度改定を担当する人事部メンバーの役割や業務が同じレベルかどうかは主観的にしか判断できません。

また、目標のレベルや難易度はどうでしょうか。

Aさんの売上目標は前期実績対比120%でした。目標に対しての実績は91・7%だったのですが、前年対比では110%です。この目標レベルや難易度は妥当だったのでしょうか？　他の2人と比較してどうなのでしょうか。

Bさんの新卒採用人数目標は前期実績対比200%でした。目標に対しての実績は50%だったのですが、前年対比では100%です。この目標レベルや難易度は妥当だったのでしょうか？　他の2人と比較してどうなのでしょうか。

Cさんの目標「今期中に評価制度・報酬制度の改定を行う」は定量化されていませんので、定性的な達成度合いで判断します。この目標レベルや難易度は他の2人と比較してどうなのでしょうか。

これらの情報だけでは何とも判断しがたいですね。

目標設定時の事例も加味する

前項は評価時の評価基準の調整についての事例でしたが、目標設定時の調整も考えるとさらに複雑な要素が絡みます。

【それぞれの市場環境およびリソース】

前提　〝昨年度末に「第二のリーマンショック〟と言われるほどの経済危機が発生した」

〈Aさん〉
「売上向上どころか昨年並みを維持することすら悲観的であるが、基本的に前年比120％を目指すというのがこれまでの営業部門の慣習だったので、そのとおりに目標設定した。期初に新商品を発表しその拡販をする計画であったが、新商品発表を半年間延期することになったため、営業面でマイナス要素が大きい」

〈Bさん〉
「例年新卒採用には苦戦しているが、今年度は大企業が新卒採用を抑制する見込みで、当社にとっては追い風となるので昨年の2倍の目標とした。ただし昨年度の新卒採用担当は3名だったが、今年度は2名体制となる。また、経費削減のため、説明会や各種媒体などの採用コストを3割削減することになっている」

〈Cさん〉

「当初はコンサルタントに依頼し共同プロジェクトチームで進める予定だったが、経費削減のため、コンサルタントへの依頼は見合わせ、自社メンバーのみで改定を進めることとなった」

以上の市場環境や活用できるリソースを踏まえると、目標のレベルや難易度は同じ程度に設定できているでしょうか？

詳細な情報が加わったものの、それでも同じ程度なのかどうかは一概に判断できません。どこまで行ってもこの状況は変わりません。

これに対して、教科書的な「目標設定のレベルや難易度の調整を行う」という対策が可能なのでしょうか？

【期初】

〈現実〉

・個々人に期待する役割や担当する業務が異なっている

・取り組むべき目標や課題そのものの難易度が異なっている

・目標設定の水準にバラつきがある
↓〈対策〉目標・課題の難易度や目標設定の水準の調整を行う

そもそも3人の目標設定のレベルや難易度にバラつきがあるのかどうかも判断できない状態で、目標設定のレベルや難易度の調整に進むことはないでしょう。

また、仮に誰が見ても目標設定のレベルや難易度としてCさんの目標レベルが著しく高いとした場合、実際に調整ができるでしょうか？

3人のそれぞれの目標は、所属部門の目標や課題を所属部門のメンバー全員で達成すべく、適切であろうと思われる体制・役割分担の元で設定されています。評価制度・報酬制度の改定を自社メンバーのみで進めるという目標は必要だから設定しているのであり、それを「レベルや難易度にバラつきがあるから」という理由で目標レベルを下げることなど無意味です。どうやって目標レベルを下げるのかもわかりませんね。「今期中ではなく2年越しで改定すればよい」「プロジェクトメンバーを増強する」などでしょうか。しかし、今期中に改定するという経営の意思があるから今期中なのであり、リソースの最適な配分を検討した上でのこのプロジェクトメンバーなので、それ以上の調整をすべきかどうかの判断は一概にはできません。全体最適化を踏まえてのリソース配分をしているのであり、それを「Cさんの目標レベルが高いのは不公平だから目標値を下げなさい」というのはあまりにも視点の低い発想でしょう。

また、期末の時点でのバラつきをなくすことができるでしょうか。

【期末】
〈現実〉
・評価者間の評価のバラつきが生じる
↓〈対策〉評価者間のバラつきが生じないように評価者研修で評価トレーニングをする
・達成度をそのまま評価すべきか、情状酌量の余地があるかの判断が行われる

評価者研修でトレーニングをした上で評価をした結果、

〈Aさん〉
「本来は達成率91・7％なので2点だが、市場環境の悪さや新商品発表の延期もある中で前年対比120％の目標設定がそもそも高すぎであり、前年対比110％の実績を評価して、2点ではなく3点に修正する」

〈Bさん〉
「本来は達成率50％なので1点だが、人員も予算も削減される中で前年並みの5人を採用できたことを評価し、1点ではなく3点に修正する」

〈Cさん〉
「本来は計画どおり達成なので3点だが、当初コンサルタントに依頼してのプロジェクトの予定だったのを自社のリソースのみで改定できたことを評価し、3点ではなく4点に修正する」

以上の修正された評価点数は「正しい」でしょうか？

これが「正しい」のか「そこまでする必要がない」のかはやはりわかりません。

また、これらの修正は評価者研修で評価基準の確認とトレーニングをしたからできたものなのでしょうか。特段そうではありませんね。


結論を言ってしまえば、人事評価シートで「正しい点数」は出てこないのです。

もちろん、大きなバラつきやズレを修正することは必要です。たとえば、ある評価者は目標達成でも、目標未達でもすべての項目で満点の評価をしているということならば、それは是正が必要です。A部門の目標が毎年チャレンジングなのに対してB部門の目標が現状維持の目標ばかりならば、部門目標設定時に是正が必要です。

一人ひとりの評価者が真摯《しんし》に公正に評価に臨み、あまりにも不適切なバラつきやズレを修正することは必要ですが、それでも「出てくる点数は正しくない」という認識が必要です。

正確でない点数をそのまま処遇に反映させる、あるいは点数をベースにした細かな処遇の差をつけるから納得性がなく不満が生まれるのです。

その不満を解消すべく、より正確な点数が出てくるように各段階でバラつきを抑えようと様々な調整を加えることで負荷が増します。しかし、結果としてバラつきを完全に解消するのは現実的に不可能です。正確ではない点数を、時間をかけて無理やりに「正しいであろう」点数に調整しようとする必要性はありません。このおかしな運用が盲目的に継続しているのは「処遇に細かく差をつけなければならない」という先入観や惰性で継続している評価制度・報酬制度の運用ルールに起因します。

そこに時間を費やすよりも、点数基準や割合基準はあくまでも「目安」として活用するにとどめて、「最終的な評定づけは評価会議で行う」と割り切り、現場レベルでは「期中での成長や目標達成」に時間とエネルギーを投資したほうが、はるかに効果的です

最終的な評定の方法

それでは、点数基準や割合基準はあくまでも目安として活用するのであれば、最終的な個々人の評定はどのように決めればよいでしょうか？

まず、評価者が標準評価のB評価以外、つまりA評価やC評価としたい場合にはその理由とともにA評価・C評価の判断理由を提出します。評価シート内でそれを記述する欄を設けてもよいですし、別紙でも構いません。

目安として点数順に並べた一覧表を作成し、85ページの図表8の評定別の基準例に基づき、相対評価基準（分布割合基準）に当てはめた場合と絶対評価の点数基準に当てはめた場合のそれぞれのパターンでの仮の評価を入力します。

評価者のA評価・C評価判断の有無も確認し、その説明を求めます。評価会議に参加している評価者はそこで説明責任が求められます。その説明を踏まえながらであれば、各部門で誰が活躍・成長したのかはわかります。その上で最終的な評価を確定させます。

7 人事評価は「客観性」「公平性」「納得性」が最重要か？

なぜ「客観性」「公平性」「納得性」が求められるのか

「人事評価制度には、客観性、公平性、納得性が必要である」とよく言われます。

しかし、改めて考えてみると、なぜ客観性、公平性、納得性が求められるのでしょうか？

それは、「査定」として活用しているためです。

・査定だから、主観ではなく、客観的な事実に基づいて評価が行われなければならない
・査定だから、部門間や個人間でのバラつきをなくして公平性を保たなければならない
・査定だから、その結果を本人に納得感を持って受け止めてもらわなければならない

しかし、客観性、公平性、納得性があれば、評価制度の運用がうまくいっていると本当に言えるのでしょうか？

「うまくいっている」と言えるためには、「目的が達成されている」のが前提です。目的は、「社員の成長が実現され、それにより会社の成長や業績向上が実現できている状態」です。現状の目標管理・評価制度がうまく機能しているかどうかの判断基準は上述した目的が実現できているかどうか、つまり「実際に社員が成長できているのか」「目標達成・業績向上が実現しているのか」です。

間違っても、「運用に慣れてきた」「期限どおり評価シートの提出や面談が行われるようになった」ということではありません。それでは手段が目的化してしまいます。また、「客観性、公平性、納得性のある制度運用ができている」ということも目的ではありません。そもそも、客観性、公平性、納得性を追求することと、社員の成長、会社の成長や業績向上を追求することは意味合いが異なっています。

想像や妄想での評価はもちろん困りますが、数ある事例や行動事実から何を拾い、どのようなウエイトづけをして、どの基準で、どのように評価するのかというプロセスにおいて、主観性を完全に排除することは不可能です。

また、所属している部門・部署が異なれば、目標水準も評価基準もやっている仕事も異なりますので、その基準のズレを0にすることはできず、完全に公平性を保つこともできません。

正しい査定、正しい処遇の差をつける必要があるならば、これら主観性の排除や基準のズレの解消を追求することが必要ですが、そこは本来の目的とは別であると割り切ったほうがよいでしょう。

効果の出ない評価者研修

評価者研修を企画・開催する企業も多いですが、大多数のケースでは効果がほとんど見られない内容で実施されています。たとえば、評価エラーの紹介、事例を見た上での評価演習・ケーススタディ、グループで意見交換して発表、模範解答の確認・解説などがそれに当たります。こうした考え方を伝える人事コンサルタントや人事制度に関する書籍などにも問題がありますが、それを盲目的に受け入れて惰性で評価者研修が行われているのです。

評価者に求めるべきことは、正確に評価をすることでも評価のズレをなくすことでも主観的な評価をやめることでもありません。「自分が成長し、目標達成すること」と「部下を育成し、部下の目標達成を実現すること」を求めるべきであり、評価者研修を行うならばそれに沿った内容にしなければなりません。

つまり、目標達成と部下育成のためのＰＤＣＡを回すためのマネジメントスキルの向上、マネジメントツールの使い方のレベルアップをメインに据えるべきです。具体的には、目標達成と部下育成におけるＰ→Ｄ→Ｃ→Ａのそれぞれのステップの精度をいかに上げられるかにフォーカスしたマネジメント研修の方が効果的です。やはり、評価力向上のための研修ではなく、マネジメント力向上のための研修のほうが重要です。

8
評価をしない「ノーレイティング」

「ノーレイティング」とは

近年、「ノーレイティング」という考え方が注目を集めています。

ノーレイティングとは、１年に一度の人事評価（年次評価）を廃止する動きです。Ｐ＆Ｇジャパンや日本マイクロソフト、アクセンチュア、アビドシステムなどの有名企業が導入しています。

ただし、「ノーレイティング」という語感から想像するような「まったく評価をしない」ということではありません。今までのような年次評価やそれによるランクづけではなく、リアルタイムで目標設定をして、頻繁に上司とミーティングを行い、フィードバックにより、その都度評価がされます。
簡単にポイントを整理すると次のとおりです。

【従来の評価制度の問題点】

・環境変化が激しい中、年に一度の目標設定では現実と乖離《かいり》する
・半期に一度の進捗確認や期末のみの評価・フィードバックではうまくいっていない場合の機会ロスが大きい
・相対評価によるランクづけは評価基準が曖昧で納得性が低くモチベーション低下につながる
・評定結果を処遇（昇格、昇給、賞与など）に反映させる

【ノーレイティングのポイント】（図表10）

・期初の年間目標設定はせずに、リアルタイムでの目標設定、修正、追加を行う
・期末に一度だけ部下の評価を行うのではなく、日々の業務において気づいたことはリアルタイムに部下にフィードバックする

図表10　ノーレイティングのポイントと狙い

ノーレイティングのポイント		狙い
年度目標の設定を廃止し、リアルタイムでの目標設定・修正	➡	部下に応じてメリハリをつけて適宜目標設定を行う
中間時点での評価・フィードバックを廃止し、リアルタイムでのフィードバック	➡	部下に応じてメリハリをつけて適宜進捗管理・フィードバック、評価を行う
年次評価を廃止し、リアルタイムでのフィードバック	➡	評定分けは不要でマネージャーが報酬額を決定
過去の評価ではなく未来に向けての対話	➡	部下のパフォーマンスや成果の向上にフォーカス

・部下のパフォーマンスや成果の向上にフォーカスする
・年次評価は行わず、マネージャーが部下の貢献度や成果に応じて報酬額を決定する（様々なパターンあり）

「ノーレイティング＝人事評価をしない」と言われたらメッセージ性がありますが、そこまでのことではなく、本書でここまでお伝えしている以下の主旨と近い考え方です。

・評価作業に時間をかけない
・頻繁な進捗管理を行い、目標達成に向けてのサイクルを回す
・過去よりも未来に向けた対話・フォロー

を行う
・時間をかけて評価調整会議や精緻な評定分けを行う必要はない

結局のところ、費用対効果と経済合理性をどのように評価するかです。本質的な効果を生み出さない作業に時間を費やすことをやめ、どこに時間を使うことが適切なのかを検討した結果と言ってよいでしょう。

逆にノーレイティング運用上のデメリットとしてよく挙げられるのは、次のような点です。

「評価をする立場にある上司は、部下との密接なコミュニケーションを何度も繰り返しながら、状況に応じた目標設定やフィードバック、アドバイスを求められるため、時間、手間、精神的な負担が大きく、高度なスキルを必要とする」

しかし、これはデメリットではありません。それこそが上司が行うべきマネジメントなのです。

だからこそ、上司に対しての直接的支援、間接的支援を行う必要があります。

直接的支援とは、マネジメントスキルや面談スキル、育成スキルについてのトレーニングを行うことで、間接的支援とは、上司が部下と向き合う時間を作れるような環境整備、仕事の分散などを指します。

従来の目標管理の、四半期、半期、年度での評価・フィードバックでは、目標達成や成長に向けてのプロセス管理として圧倒的に少なすぎます。一方で、リアルタイムで求められる随時・頻繁なフィードバックを行うのは負荷が大きすぎるという不満が出てきます。

どちらかを選ぶというよりも、第１章で述べたように、４つの視点に基づいて部下に応じて時間の使い方を変えることが重要です。

画一的されたマネジメントではなく、相手に応じてメリハリをつけるのです。

ちなみに、「年次評価は行わず、マネージャーが部下の貢献度や成果に応じて報酬額を決定する（様々なパターンあり）」については、現実的に運用が難しい企業が多いと思われるため、今後も含めて導入企業はまだまだ少ないでしょう。

9 「個人の成長・個人の目標達成↓会社の成長・業績向上」になっているか？

評価シートはマネジメントツール

査定とその結果の処遇への反映を精緻に行う必要がなく、感覚的に適切な評価ができるならば、評価シートは不要なのでしょうか。

そうではありません。繰り返しになりますが、別の目的のために必要です。

評価制度を「査定↓処遇反映ツール」として活用するのではなく、「目標管理・評価制度というマネジメントツールを活用してマネジメント活動を推進し、社員の成長を後押しし、経営成果と業績向上につなげること」という目的を実現させるために活用します。具体的には、マネジメントツールとして、次の2つの機能を併せ持っています

・目標達成のためのＰＤＣＡサイクルを回すべく、「目標設定→目標達成ツール」としての機能
・人材育成のＰＤＣＡサイクルを回すべく、「評価→育成ツール」としての機能

「会社として社員に求めるもの」とは

次に考えなければいけないのは、評価項目や個々が設定する目標が適切なのかどうかです。適切かどうかは、「その成長の実現や目標の達成によって会社の業績向上につながるものになっているか」という視点で判断されます。

評価制度における評価項目や等級基準を満たした（＝成長した）にもかかわらず業績向上につながっていない、あるいは個人の目標は達成したにもかかわらず業績向上につながっていないならば、適切な評価項目・目標とは言えません。そうなると結局何のために評価制度を運用しているのかとなってしまいます。

評価項目や個々が設定する目標が、一言で言うと「会社として社員に求めるもの」です。「会社として社員に求めるもの」は次の２つに集約されます。

1. 各役割における目標の達成・問題解決

①各役割において目標を達成すること

②各役割において目標達成や問題解決のための構想や計画を策定し、実行すること

2. 各役割における目標達成・問題解決を行うための能力の発揮・行動

①各等級に求められる能力を習得すること

②各等級に求められる能力を発揮・行動すること

各役割における目標の達成・問題解決と、それを遂行するための能力・行動の発揮とは図表11のようにまとめられます。

組織上の階層や役職に応じて、達成すべきありたい姿や目標が変わります。

経営陣であれば、会社全体の中長期的なビジョンを描き、さらには単年度の予算や目標を設定します。そして、現状分析をした上で、ビジョンや予算、目標を達成するための戦略を策定します。

その戦略に基づき推進すべき課題を設定し、さらには施策・アクションプランを策定します。これがＰＤＣＡのＰに当たる部分です。

図表11　会社として役員に求めるもの：目標管理と能力・行動評価

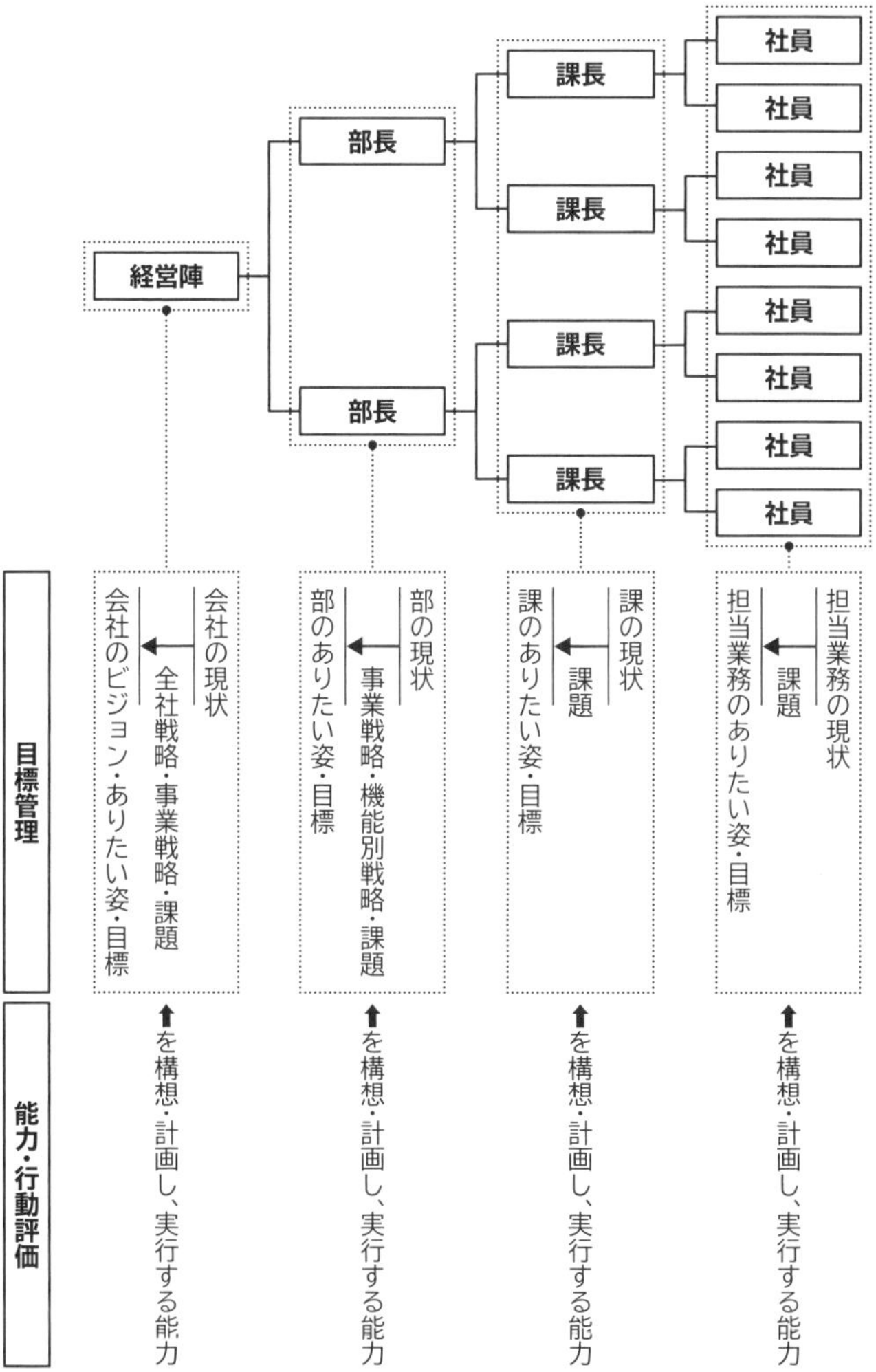

立てたプラン（Plan）を、実行し（Do）、実行後にその効果検証（Check）を行います。目標達成ができているならばよいですが、実行がままならなかった、あるいは実行したが想定した効果が出なかったことで目標達成ができていないならば、次なる施策を講じて再び実行します（Action）。

部長であればその対象が部門であり、課長であれば対象が課であり、一般社員であれば担当業務が対象です。役割によって対象領域は異なるものの、達成すべきありたい姿や目標を設定し、それを達成するためにＰＤＣＡを回すという構造は同じです。

これが「1．各役割における目標の達成・問題解決」の構造とステップです。

「2．各役割における目標達成・問題解決を行うための能力の発揮・行動」とは文字どおり、上記の各役割における「目標設定→現状分析→ギャップ解消のための戦略・課題・施策の策定→実行→効果検証」のサイクルを回す能力を習得し、実際に再現性をもって継続的に行うということです。

「各役割における目標達成・問題解決を行うための能力の発揮・行動」を各社員が実践し、

実際に「各役割における目標の達成・問題解決」ができれば、会社全体としての経営成果と業績向上が実現します。

10 社員に求めるものの等級制度・評価制度への展開

人事評価シート

前節で、「会社として社員に求めるもの」は、次の2つに集約されるとまとめました。

1. 各役割における目標の達成・問題解決

①各役割において目標を達成すること

②各役割において目標達成や問題解決のための構想や計画を策定し、実行すること

2. 各役割における目標達成・問題解決を行うための能力の発揮・行動

①各等級に求められる能力を習得すること

②各等級に求められる能力を発揮・行動すること

「会社として社員に求めるもの」について、多くの企業では、「1．各役割における目標の達成・問題解決」を「目標管理」として目標設定・評価しています。

また、「2．各役割における目標の達成・問題解決を行うための能力・行動の発揮」を「能力評価」「行動評価」「コンピテンシー評価」のような評価項目で評価していることが多いでしょう。

人事評価シートには様々なパターンがありますが、次ページに人事評価シートをサンプルとして提示します。

120～121ページが「目標管理」の目標設定・評価をするシートで、122～123ページが「能力・行動」を評価するシートです。

この人事評価シートをベースとして、以下、第3章では「目標設定→目標達成ツール」としてどのようにしてPDCAサイクルを回すか、第4章では「階層別に求める能力」を育成すべく、「評価→育成ツール」としてどのようにPDCAサイクルを回すかについて解説します。

評価対象期間	年　月　日～　年　月　日

1次評価者名	2次評価者名

個人目標	No.	①部門・課の課題で担当となった課題 ②担当業務、担当顧客に対して個人として取り組む課題 ↓①か②を示して、課題名を転記		ウェイト	難易度 (1点・3点・5点を設定時にすり合わせ)	難易度係数	年間実行度・達成度評価 本人評価	年間実行度・達成度評価 上司評価
	1					0		
	2					0		
	3					0		
	4					0		
	5					0		
	6					0		
	7							
			ウェイト		評価点合計		0	

総合評価	評価項目		賞与評価 ウェイト	賞与評価 評価点	昇降格・昇降給評価 ウェイト	昇降格・昇降給評価 評価点
	目標管理	業績目標	35%	0	20%	0
	目標管理	個人目標	35%	0	25%	0
	能力行動	成果達成／業務遂行	10%	0	20%	0
	能力行動	企画・改善	10%	0	15%	0
	能力行動	人間力／人材育成	10%	0	20%	0
	評価点合計		100%	0	100%	0
	S・A・B・C・D評定(記入)		賞与		給与	

人事評価シート

等級	号俸
3	

社員番号	所属部署	役職	氏名(本人)

目標管理

	No.	項目	年間目標(A)	年間実績(B)	達成率(B／A)	ｳｪｲﾄ	本人評価	上司評価
業績目標	1							
	2							
	3							
	4							
	合計				ｳｪｲﾄ	0	評価	0

	点数	業績目標	個人目標	
			難易度	実行度・達成度
評価基準	5	120%以上	相当に難易度が高いレベル	期待を大きく上回り、影響度も大きい
	4	110%以上 120%未満	-	期待・計画を上回る進捗・成果・効果である
	3	100%以上 110%未満	通常レベル	期待通り・計画通りに達成している
	2	80%以上 100%未満	-	1ほどではないが、予定・計画に届いていない
	1	80%未満	それほど難しくないレベル	予定・計画を大きく下回る達成度

特記事項	本人	
	上司	

※特筆すべき加点対象となる具体的な成果・行動および減点対象となる具体的な結果・行動などを記載する。

昇格条件チェック	評価対象	点数	判定	昇格条件
	現等級平均			2.6以上は条件クリア
	上位等級平均			1.6以上は条件クリア

1次評価者名	2次評価者名

今期育成・成長計画〈期初〉	進捗状況〈中間〉（本人コメント）	〈期末〉				
		本人評価	上司評価	平均	評価の理由・事例（上司コメント）	成長に向けての課題 来期育成・成長計画

能力・行動評価

各項目、評価(3・2・1)および必要に応じてコメント

評価基準		
	3	独力で遂行・完結でき、フォロー、サポート、指導が必要なく、任せられる状態
	2	時折フォロー、サポート、指導が必要な状態(80%程度)
	1	フォロー、サポート、指導が必要であったり、やったことがない状態

等級	号俸
3	

社員番号	所属部署	役職	氏名(本人)

			等級基準	期初時評価
成果達成／業務遂行	現等級	①	課内での仕事の適切な割当と必要な業務調整ができる	
		②	複数の社員で担当する業務において、実行責任者として業務を完結できる	
		③	複数課題の実行責任者として目標達成のための行動計画を策定し、実行後の結果分析や検証と対策を的確に行うことができる	
		④	非定型的な業務、判断を要する業務についても独力で遂行できる	
		⑤	部内・課内の案件が、他部署に相談が必要かの判断ができる	
	上位等級	①	部門方針・目標・計画の策定に参画することができる	
		②	全社方針・部門方針を、課の業務・状況に結び付けて、部下に徹底させることができる	
		③	部門目標・計画に基づき、課のあるべき姿に到達するための課題を設定し、達成のための論理的な計画を策定することができる	
		④	課の実行計画の結果分析や検証と対策を的確に行うことができる	
企画・改善	現等級	①	常識や前例、今のやり方を前向きに否定して、統括・担当する業務を抜本的に見直すことができる	
		②	担当する業務に新たな価値を付加し繰り返しバージョンアップすることができる	
		③	課および担当業務での顕在的な問題やニーズについて正しく把握し、問題解決できる	
		④	問題が発生した時に、対症療法だけではなく、原因を追究し抜本的な解決ができる	
	上位等級	①	常識や前例、今のやり方を前向きに否定して、課内の生産性向上の取組みや新たな挑戦ができる	
		②	部門横断的テーマに挑戦的に取り組むことができる	
		③	課および担当業務での潜在的な問題やニーズについて正しく把握し、問題解決できる	
人間力／人財育成	現等級	①	社内外を問わず自らコミュニケーションを図り、信頼関係を築いている	
		②	自分の意見や考えをわかりやすく表現し、相手を納得させることができる	
		③	相手の心情を敏感に察知することができ、適切に対応している	
		④	部下・後輩の能力と知識を把握し、不足している部分を中長期的な観点で育成できる	
		⑤	部下・後輩の悩みや課題を理解したうえで、フォローができる	
	上位等級	①	自部門だけの利益のためではなく、全社最適な視点で行動できる	
		②	部下の目標設定による動機付けや自己啓発促進ができる	
		③	部下の悩みや課題の解決をサポートすることができ、部下から信頼されている	
		④	マネジメントの型に基づき、定期的な面談や対話を行い、部下の能力・スキル向上のための育成や行動改善のサポートができる	
		⑤	人事評価およびフィードバック、育成計画の策定をルールに則り確実に実践することができる	
		⑥	部下に対する振り返りのフィードバックを行い、成長促進ができる	

本章のポイント

□人事制度の目的は「目標管理・評価制度というマネジメントツールを活用してマネジメント活動を推進し、社員の成長を後押しし、経営成果と業績向上につなげること」である。

□評価と育成は切り離さずに必ずセットで実施する必要がある。つまり、人事評価は「終わった過去の査定→結果のフィードバックを行う期末の儀式」ではなく、「未来に向けてどのように成長・経験を積むかを計画する期初のスタート」である。

□「目標達成できなかったこと、成長できていないことを期末に事後的に正しく評価すること」に時間とエネルギーを注ぐ意味はない。時間やエネルギーは「査定→処遇決定」ではなく、「評価→育成・成長」と「目標設定→目標達成」のためのマネジメントに活用しなければならない。

□評価点数の差を細かく処遇に反映させる必要はなく、評定段階を細分化することは無意味である。具体的には、評定は3段階ほどの運用で十分。

□人事評価シートで出てくる評価点数は正しくない。正確でない点数をそのまま処遇に反映させる、あるいは点数をベースにした細かな処遇の差をつけるから納得性がなく不満が生まれる。その不満を解消すべく、より正確な点数が出てくるように各段階でバラつきを抑えようと様々な調整を加えることで負荷が増す。

□「客観性、公平性、納得性のある制度運用ができている」ということは目的ではない。そもそも、客観性、公平性、納得性を追求することと、社員の成長、会社の成長や業績向上を追求することは意味合いが異なる。

□評価者に求めるべきことは、正確に評価をすることでも評価のズレをなくすことでも主観的な評価をやめることでもない。「自分が成長し、目標達成すること」と「部下を育成し、部下の目標達成を実現すること」を求めるべきであり、評価者研修を行うならばそれに沿った内容にすべき。

□「会社として社員に求めるもの」は次の2つに集約される。

1　各役割における目標の達成・問題解決

①各役割において目標を達成すること

②各役割において目標達成や問題解決のための構想や計画を策定し、実行すること

2　各役割における目標達成・問題解決を行うための能力の発揮・行動

①各等級に求められる能力を習得すること

②各等級に求められる能力を発揮・行動すること

第3章

「目標設定→目標達成ツール」としての活用ポイント

1 目標管理とは

「目標を管理する」ではなく、「目標を活用したマネジメント」

一般的に言われる目標管理制度は、1954年にアメリカの経済学者ピーター・ドラッカーが著書『現代の経営』の中で提唱したのが始まりです。

「Management By Objectives through self-control」が元で、日本では略して「MBO」、「目標管理」「目標による管理」と呼ばれています。

しばしば「目標を管理する」と捉える風潮があり、そこから「×目標を管理する制度≒ノルマ管理→ノルマ未達→給与・賞与ダウン」のようなネガティブなイメージにつながっています。

しかし、正しくは、「セルフコントロール（自己管理）を通じて、目標を活用することでマネジメントを行うこと」という意味です。

「セルフコントロールを通じて」ということは、最終的には全社員が自律的に考え、自律的に動くことで適切な目標の到達イメージを持ちながら仕事を進めて、確実に目標を達成できるようになることが求められます。

「目標管理＝人事評価」というイメージも強いのですが、人事評価に活用するというよりも、「組織の目標と個人の目標を統合させることで、経営方針を展開・徹底し、適切な目標を設定・達成すること」が本来の目的です。

２０１８年に労務行政研究所が発行した「人事労務諸制度の実施状況調査（上場企業および上場企業に匹敵する非上場企業対象）」によると、「目標による管理制度」の実施率が79・3％とおよそ8割の企業で導入されています。

しかし、効果的に活用されているかというと、そうではない企業が多いようです。期待された効果を発揮しないまま、最低限として人事評価機能のみが残り、形骸化しているのです。

2 目標管理の症状例

目標管理が機能しない理由

目標達成に向けてのＰＤＣＡで重要なのは、次の3点です。

・スタート時点でそもそもどのような目標を設定するか
・目標を達成するための行動計画をどのように立てるか
・目標と行動をどのようにフォロー・モニタリングするか

この3点のポイントがずれていると、目標達成ツールとしての機能が働かない結果に終わってしまいます。

人事制度の改定を進める際に、現状の人事制度分析を行うケースが多くあります。現状の制度の内容および運用に問題があるのならば、それを把握した上で解決の方向性を描きながら制度改定に取り組みます。その現状分析の中で、目標管理を推進する上で、組織目標そのもの、個人目標そのもの、組織目標の個人目標への展開についてリサーチすると、次のような症状が多発していることがわかります。

【組織目標】

・3カ年・単年度の経営計画、部門計画などの策定スケジュール・プロセスが定例化していない。
・予算・数値のみの経営計画、部門計画であり、目標達成のための取り組み課題が明確でない。
・計画作りのフォーマットが統一化されておらず自由に作成するスタイルで部門間のバラつきが生じる。
・抽象的な方針や当たり前の課題が並べられており、メリハリがない。

・課題や行動の達成度合いを測る指標が定量化（KGI・KPI）されておらず、抽象的な定性目標のみで評価・検証がしづらい。
・取り組む課題（何を）が書かれていても、「誰が」「いつ」「どのように」実行するのかが書かれていない＝5W2Hの行動計画がない。

【個人目標】
・課題が個人の思いつきで設定されており、上位目標・課題からの展開がない。
・部門計画・課題を個人に展開する際に必要な翻訳や分解ができておらず、部門計画のコピー&ペーストになっていたり、個人任せの解釈になっている。
・行動計画が、年間を通して同じ行動を繰り返すだけのルーティン活動であり、計画が「一本線」（例　既存顧客の定期訪問：4月〜3月など）になっており、途中での検証・修正ができない。また、単なるルーティン活動のため、目標と現状とのギャップを埋めるためのロジックが成立していない。
・以上の結果として、個人の課題や行動計画が具体的でなかったり、個人の目標・計画達成が部門や会社の目標・計画達成につながらない。

図表12　目標管理がうまくいかない重大症状

論点	重大症状
A.スタート時点でそもそもどのような目標を設定するか	組織目標からの展開がされておらず、どんな目標を設定するかが個々に委ねられ、個人の思いつきの目標となっている
B.目標を達成するための行動計画をどのように立てるか	仮説としての新たな取り組みが計画されておらず、目標を達成するための行動計画になっていない
C.目標と行動をどのようにフォロー・モニタリングするか	期中でのフォロー・モニタリングの仕組みがない

これらの症状は、ほぼ計画策定段階の症状です。

図表12に、目標管理がうまくいかない重大症状として、この計画策定時の問題から2つ、さらに期中でのフォロー段階の問題を1つ取り上げています。

これらの3つの問題が生じていると目標管理の運用が形骸化する傾向が強くなります。

次節から一つずつ解説を進めます。

3 重大症状①
個人の思いつきの目標となっている

なぜ適切でない目標が設定されているのか

達成すべく追っていく目標そのものが適切でなければ、そこに投じたリソースと日常の活動はムダとなります。また、目標達成のための行動と日常の活動に乖離が生じてしまいます。

それではなぜ適切でない目標が設定されるのでしょうか？

それは、「組織目標からの展開がされておらず、どんな目標を設定するかが個々に委ねられ個人の思いつきの目標となっている」ためです。

組織目標とは、会社目標や部門目標の総称です。各人が思いつきの個人目標を設定し、それをすべて足していけば会社や部門が目指すビジョンや目標と合致するでしょうか？　絶対にそうはなりません。

会社や部門のビジョン・目標があり、それを最終的に個人に展開することが目標設定の前提です。

組織目標からの展開がなされない理由は複数挙げられます。

・経営計画や部門課題が作られておらず、そもそも組織目標が策定されていない
・組織目標の策定プロセスやフォーマット、スケジュールなどが定例化していない
・予算のみの目標であり、それを達成するための方向性や課題が言語化されていない
・組織目標の個人目標への展開方法がよくない

いかに適切な経営計画や部門計画を策定し、それをいかに個人目標へ展開するのかがポイントです。

前述したように、目標管理の本来の目的は「組織の目標と個人の目標を統合させることで、経営方針を展開・徹底し、適切な目標を設定・達成すること」です。

しかし、何もないところから個人が目標設定欄に記入することになると、その目標が何に基づくものなのか、組織目標から展開されているものなのか、優先順位が高い目標なのかの判断がつきません。

組織の目標を言語化し共有することは目標管理運用の大前提であり、経営計画や部門計画がそれに該当します。

また、組織の目標の言語化だけではなく、それぞれの関連性や個人目標との関連性についても認識統一のために全体像を示す必要があります。その認識にギャップがあると組織目標から個人目標への展開がうまくいきません。

目標管理の全体像

目標管理の全体像は図表13のとおりです。

目標管理で設定する目標は組織目標と個人目標に切り分けられます。

図表13　目標管理の全体像

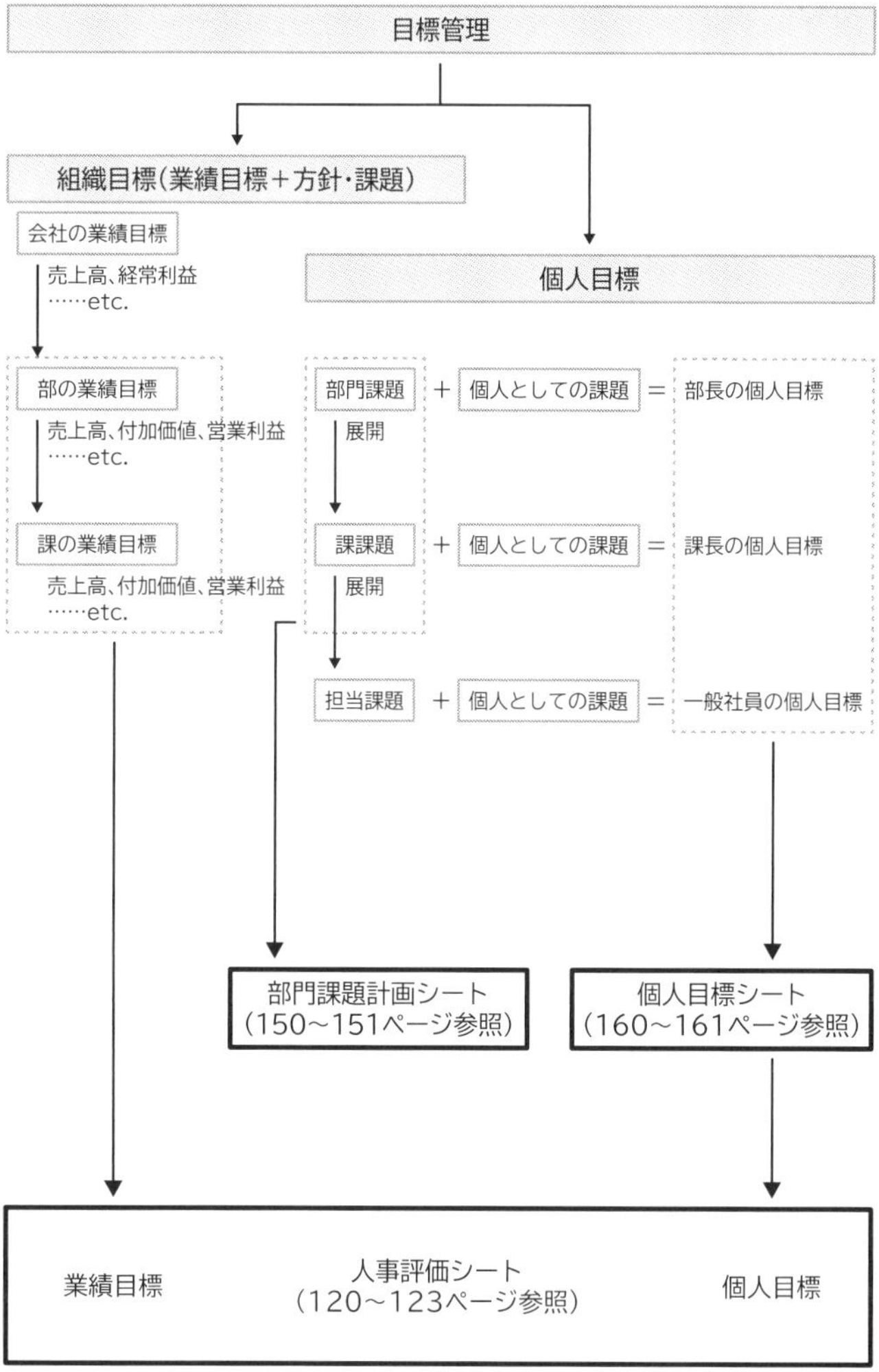

組織目標

組織目標には、「①業績目標」と「②方針・課題」が含まれます。

①業績目標

業績目標とは、その部門・部署などの組織単位で求められる最終的な成果として最も重要な指標を指します。基本的にはＢＳ（貸借対照表）やＰＬ（損益計算書）の科目とダイレクトに紐づいた指標で目標設定します。後ほど確認するＫＧＩ・ＫＰＩとの違いは、業績目標はあくまでも最終的な業績指標であり、事業部や支店、営業所などの独立採算部門や営業・販売部門などのプロフィットセンターでは、「営業利益」「売上高」「付加価値（売上高－外部購入費用）」「粗利益」などの目標達成率を評価することが多いでしょう。

最近では、働き方改革に伴う生産性向上が求められていることもあり、「時間当たり生産性」「人件費当たり生産性」などの生産性に関する業績指標を設定するケースが増えています（図表14）。

図表14　業績目標例

	No.	項目	年間目標（A）
業績目標	1	売上高	70,000千円
	2	付加価値率	32%
	3	営業利益	70,000千円
	4	時間当たり生産性	5,500円

生産性は次の数式で表されます。

アウトプット（付加価値額または生産量、販売金額）÷インプット（労働投入量、投入工数）

労働生産性には、「付加価値生産性」と「物的生産性」という2つの考え方があります。分子のアウトプットを付加価値で捉えるのが「付加価値生産性」であり、分子を生産量などで捉えるのが「物的生産性」です。

生産性向上とは、より少ないインプットでより多くのアウトプットを生み出すことと言えます。たとえば、5人で分担している事務の仕事を4人で処理できるようにする、あるいは、5人で一日100個の生産量を120個に増やす、同じ人数で稼ぐ付加価値を1・2倍にするなどです。

インプットの労働投入量は、「人数（一人当たり）」もしくは「投入工数（時間当たり）」という2つの考え方があります。これまでその違いはそれほど意識されてきませんでしたが、残業時間の上限規制などが絡むと、少し見方を変える必要があります。

人数で一人当たりの生産性を測るには、社員がどれだけ残業をしているかは関係ありません。1カ月間で、60時間残業して100万円を売り上げるAさんと、残業なしで100万円を売り上げるBさんがいた場合、どちらの生産性が高いと言えるでしょうか？

この場合、「一人当たり売上高」はどちらも100万円であり同じ生産性と評価されるのです。少々違和感を覚えるのではないでしょうか。

それでは、「時間当たりの生産性」を測ってみましょう。前述したAさんは、所定労働160時間＋残業60時間＝220時間で100万円の売上ですから、時間当たり売上高は約4500円です。Bさんは、所定労働160時間で100万円の売上ですから、時間当たり売上高は約6250円です。BさんはAさんに比べて約1・4倍の生産性だと評価されます。インプットの労働投入量として「人数（一人当たり）」よりも「投入工数（時間当たり）に着目する「時間当たり生産性」の重要性がご理解いただけるのではないでしょうか。

現状の「時間当たり生産性」を把握した上でそれをより向上させるために、たとえば次のように組織の業績目標として設定することができます。

時間当たり生産性＝付加価値額or生産量÷総投入工数

〈前年実績〉

10人の部署で1人当たり2000時間／年＝2万時間

部署全体の付加価値額は、年間1億円

時間当たり生産性＝1億円／2万時間＝5000円

〈今期目標〉

時間当たり生産性を1・1倍にすることを目標とする場合、当部署の時間当たり生産性目標は5500円となり、責任者である部署長が目標達成に責任を負う。

目標達成のための方向は以下の2つの視点で検討する。

・付加価値向上施策
・工数削減・残業削減施策

さらにもう一つ、「人件費当たりの生産性」を測る指標を紹介します。

付加価値を創出するのは企業のリソース（経営資源）である「人」です。そこには当然、人件費というコストが発生しています。企業としては経営資源を投下、つまり人件費をかけてそのリターンとして付加価値を得るのです。

もし、時給1000円の人が1時間で生み出す付加価値と、時給2000円の人が1時間で生み出す付加価値が同じであれば、どちらの生産性が高いと言えるでしょうか？

もちろん前者です。人件費当たりで生み出す付加価値が高いほど、生産性が高いと言えるのです。

「人財生産性」は、会社全体あるいは事業・部署・社員単位で、人件費の何倍の付加価値を稼いでいるかを表す指標であり、会社全体の「人財生産性」が2倍以上であれば優良会社と言えます。

お買い求めいただいた本のタイトル

■お買い求めいただいた書店名

（　　　　　　　　　）市区町村（　　　　　　　　　）書店

■この本を最初に何でお知りになりましたか

□ 書店で実物を見て　□ 雑誌で見て（雑誌名　　　　　　　　　）
□ 新聞で見て（　　　　　　新聞）　□ 家族や友人にすすめられて
総合法令出版の（□ HP、□ Facebook、□ Twitter、□ Instagram）を見て
□ その他（　　　　　　　　　）

■お買い求めいただいた動機は何ですか（複数回答も可）

□ この著者の作品が好きだから　□ 興味のあるテーマだったから
□ タイトルに惹かれて　□ 表紙に惹かれて　□ 帯の文章に惹かれて
□ その他（　　　　　　　　　）

■この本について感想をお聞かせください

（表紙・本文デザイン、タイトル、価格、内容など）

（掲載される場合のペンネーム：　　　　　　　　　）

■最近、お読みになった本で面白かったものは何ですか?

■最近気になっているテーマ・著者、ご意見があればお書きください

ご協力ありがとうございました。いただいたご感想を匿名で広告等に掲載させていただくことがございます。匿名での使用も希望されない場合はチェックをお願いします☐
いただいた情報を、上記の目的以外に使用することはありません。

郵便はがき

料金受取人払郵便

日本橋局
承認

6827

差出有効期間
2023年8月
15日まで

切手をお貼りになる
必要はございません。

103-8790

953

中央区日本橋小伝馬町15-18
EDGE小伝馬町ビル9階
総合法令出版株式会社 行

本書のご購入、ご愛読ありがとうございました。
今後の出版企画の参考とさせていただきますので、
ぜひご意見をお聞かせください。

フリガナ お名前	性別 男 · 女	年齢 歳
ご住所 〒 TEL ( )		
ご職業 1.学生 2.会社員·公務員 3.会社·団体役員 4.教員 5.自営業 6.主婦 7.無職 8.その他( )		

メールアドレスを記載下さった方から、毎月5名様に書籍1冊プレゼント!

新刊やイベントの情報などをお知らせする場合に使用させていただきます。

※書籍プレゼントご希望の方は、下記にメールアドレスと希望ジャンルをご記入ください。書籍へのご応募は1度限り、発送にはお時間をいただく場合がございます。結果は発送をもってかえさせていただきます。

希望ジャンル：☑ 自己啓発 ☑ ビジネス ☑ スピリチュアル ☑ 実用

E-MAILアドレス ※携帯電話のメールアドレスには対応しておりません。

個人の視点では、ずばり「自分の給料の何倍を稼いでいるか？」が問われるということです。年収500万円の人であれば、年間で1000万円以上の付加価値を生み出しているのか、あるいは、この1時間で自分の時給の2倍以上の付加価値を生んでいるかを測るのです。

さらに、間接部門は付加価値を直接的に生み出すわけではありませんので、全社として「2倍の人財生産性」を実現するために、直接的に付加価値を稼ぐ営業職や販売職の社員は2・5倍〜3倍という人財生産性の目標を設定するケースもあります。

現状の「人件費当たり生産性」を把握した上でそれをより向上させるために、たとえば次のように組織の業績目標として設定することができます。

人件費当たり生産性（人財生産性）＝付加価値額or生産量÷総人件費

〈前年実績〉
10人の部署で1人当たり人件費500万円／年＝5000万円
部署全体の付加価値額は、年間1億円

人財生産性＝1億円／5000万円＝2倍

〈今期目標〉

人件費当たり生産性を1・1倍にすることを目標とする場合、当部署の人件費当たり生産性目標は2・2倍（人件費が前年と変わらないとした場合、付加価値額1・1億円／人件費5000万円）となり、責任者である部署長が目標達成に責任を負う。

「人財生産性」については、職場のメンバー構成が変化して、「工数削減ができて時間当たり生産性は上がったように見えるけれども、それは新人社員が異動して代わりに人件費の高い中堅社員に置き換わった結果として作業性が向上したためであり、工数削減分以上に人件費が上昇してしまったので本来は生産性向上とは言えない」という視点も反映されるので、より本質的な生産性指標と言えます。

しかし、「人財生産性」の分母は人件費ですから、部署やチーム全体で追う指標としては人件費の開示が必要という点で活用しづらい職場があるかもしれません。また、時間当たりの生産性は投入工数がフォーカスされるため、部署やチーム全体の業務改善・工数削減への取り組みに展開させやすいのに対して、人件費当たりの生産性向上のために人件費を削減するという取り組みは現場では推進しづらいでしょう。

以上のような違いがありますが、部門・職場レベルでは「時間当たりの生産性」を管理しながら、付加価値の向上あるいは業務改善・工数削減に取り組み、それが全社・事業・部署・個人単位の「人財生産性」という結果指標にどのようにつながっているかを検証するのがお勧めです。

以上、事業部や営業所などの独立採算部門や営業・販売部門などのプロフィットセンターでの業績目標を例示しました。

これに対して、製造部門や管理部門などではそもそも何を業績目標とすべきか、その業績は測定できるのかという議論からスタートしなければなりません。これらの部門では、売上高や付加価値、利益などの測定ができない場合が多いためです。

この場合、次の３つのいずれかの対応が考えられます。

A　内部振替ルールを作った上で、目標設定・測定・評価する

内部振替のルールとは、部門間で行われる製品やサービスの受渡しを社外との取引と同様に扱い、社内取引としてその条件をルール化することです。たとえば、製造部で製造した製品を営業部に対して販売するというケースが代表的です。

同様に、総務部や経理部などが社員に提供するサービスを享受する際にも、社内取引として売上が発生するというケースもあります。

コストセンターの部門にもコスト意識、利益責任を持たせることによる業績向上を図る方法です。これによって、プロフィットセンター以外の部門でも売上目標や利益目標などの設定が可能です。

ただし、評価制度上の組織目標設定のために内部振替ルールを作成するというよりも、別の次元で内部振替ルールの必要性の議論をした上での導入が必要です。

B　業績に準じた成果指標を設定する

各部門のミッション（使命）や役割を明確にした上で、それらが何を持って実現できたのかを評価するための成果指標を設定するケースがあります。たとえば人事部門では、採

用充足率、定着率、エンゲージメント指数などの指標が考えられます。

ただし、この場合は「②方針・課題」と重複しがちな点がネックです。

たとえば、業績目標として「採用充足率」を設定すると同時に、「②方針・課題」において採用充足率を達成するために何に取り組むのか、どのような行動を実行するのかを考え、その課題の達成度を「採用充足率」で評価する点が重複するということです。

重複を回避したいなら「C　業績目標は設定しない」を採用します。

C　業績目標は設定しない

ＡやＢが馴染まない場合に、「あえて業績目標の設定はしない」というケースもあります。

もちろん最終的な業績目標を設定しないということであって、さまざまなＫＧＩ・ＫＰＩを「②方針・課題」において管理します。

実際の運用ではこのＣを選択することが多いです。

「②方針・課題」

「①業績目標」に続いて、「②方針・課題」も組織目標として設定します。組織単位でのビジョン・ありたい姿・目標と現状とのギャップを埋める（＝問題解決）ための方向性を「課題」と定義づけしました。

全社のビジョン・目標を実現するための課題として当部門として何に取り組むのか、部門目標や部門のありたい姿に向けた課題として何に取り組むのかを検討し、次のように言語化し、まとめます（【部門課題計画シート】150〜151ページ）。

（1）部門方針

当年度の部門方針を掲げます。

一般的には、部門方針は「部門が目指す方向性」と言われます。

部門方針を見ると、その部門が本当に何をしようとしているのか、あるいは何も変化を起こそうとしていないかがよくわかります。

読者のみなさまも、自部門・自部署の今期の方針を今一度確認してみましょう。

「顧客満足の追求」「コスト意識の徹底」「人材育成の強化」「品質向上」「効率的な業務遂

行」「各チームの予算達成」「チームワークの強化」「コミュニケーションを大切に」などが主要な方針で書かれているならば、残念ながらメンバーの行動指針とはならないでしょう。

これらの方針は何が良くないのでしょうか？

1点目として、「当たり前」の内容だからです。

「顧客満足度の追求はしなくてよい」「コスト意識は持たなくてよい」「予算達成はしなくてよい」ということは通常あり得ないでしょう。当たり前のことを書いて「方針」と謳《うた》っても、メンバーの行動変容や時間の使い方などの変化が起きないのであれば意味はありません。

2点目として、「選択と集中」と「リソースの再配分」という要素が入っていないためです。

「どれもこれも大事だからすべてがんばって取り組もう」というのでは、メンバーは逆に何に重点的に取り組むべきかがわからず、困ってしまいます。

複数の選択肢の中で何を選択し、それに対応してリソースを再配分してどこにリソースを集中させるのかを示す必要があります。

方針とは次のような表現で表します。

作成日	
部門	

P(計画) 具体的行動計画	担当者	計画スケジュール(□□・・で表現)											
		4	5	6	7	8	9	10	11	12	1	2	3

部門課題計画シート

部門方針

No.	課題	現状分析〈実績値、問題点、原因〉	なぜこの課題に取り組むのか？目的は？それによるメリットは？（具体的に）	○○○○年3月時点の到達・達成イメージ（それより早ければその期日を記入）	
				どんな状態になっているか（定性達成イメージ）	目標を数値化するとどうなるか（KGI・KPI）
1					
2					
3					
4					

・○○商品を重点的に拡販する
・○○領域への設備投資を行って生産性を向上させる
・組織の整備・仕組み作りを最優先する
・粗利率を重視する
・組織メンバーの再編成を行い、○○事業で5名増員する
・DX化を推進する
・部署長の時間の50％以上を○○顧客への対応に使う

「選択と集中」や「リソースの再配分」の表現になっているかどうかは、次のような選択肢を意味する言葉で補えるかどうかで判断できます。

・(○○商品や△△商品ではなく) □□商品を重点的に拡販する
・(△△領域ではなく) ○○領域への設備投資を行って生産性を向上させる
・(売上成長の追求などの外部向けの施策よりも)組織の整備・仕組み作りを最優先する
・(売上や客数ではなく) 粗利率を重視する

・組織の再編成を行い、（□□事業からシフトさせ）○○事業で5名増員する
・（これまでの業務の進め方を全面的に見直して）ＤＸ化を推進する
・（これまでは20％しか使っていなかったが）部署長の時間の50％以上を○○顧客への対応に使う

などが選択肢の例です。

つまり方針とは、複数の選択肢を挙げた上で、「どれを選ぶのか」「どちらを選ぶのか」「どれを選ばないのか」の結論を下すことに他なりません。

抽象的で耳触りのよいスローガンだけでは方針とは言えません。

（2）部門課題
課題は下記のようにパターン分けできます。

Ａ　「①業績目標」を達成するために取り組む課題
Ｂ　当年度経営方針に基づく取組む課題

C　問題解決のために取り組む課題
D　5年先のビジョン実現など中長期的に取り組む課題

「A　『①業績目標』を達成するために取り組む課題」については、138ページで説明したような各部門・部署で最終的な成果として設定する、「営業利益」「売上高」「付加価値」「粗利益」「生産性指標」などの目標を達成するための具体的な課題を設定します。

「B　当年度経営方針に基づく取組み課題」については、149ページで説明したような「選択と集中」「リソースの再配分」に基づく取組み課題を設定します。

「C　問題解決のために取り組む課題」は、それ以外に解決すべき問題・課題を設定します。顧客への提供価値、品質向上、生産性向上、風土やコミュニケーションなどを分析・検討するさまざまなフレームワークを活用したり、部門の主要メンバーでのブレインストーミング、一般社員からのボトムアップでの問題提起などで課題リストを作成し、重要度や緊急度などの視点で優先順位の高い課題として重点化し、それを「C　問題解決のために取り組む課題」として設定します。

「D　5年先のビジョン実現など中長期的に取り組む課題」は、長期的な環境変化を見据え、今すぐに取り組む必要性は薄いがいずれ検討が必要なこと、あるいは結果を生み出すまでに時間がかかる新規事業の検討、新商品・新サービス開発、研究開発、技術開発などを課題として設定します。

課レベルでもさらに分解して作成するのか、あるいは部門（部）レベルに包括するのかはどちらの場合もありますので、自社に合ったかたちで作成するとよいでしょう。

これら部門方針・部門課題の作成にあたっては、少なくとも部門に丸投げではなく、経営会議などの場で「各部門発表→レビュー・フィードバック→承認」というオフィシャルな策定の仕組みを作り精度を高めていくべきです。

各課題における、現状分析、目標値の設定、具体的行動計画のつくり方については、次節で解説します。

個人目標

組織目標を作成・共有した後に、それを個人目標に連動させます。

組織目標の中の「①業績目標」については、当該組織の責任者（部長、課長などの管理職以上）の個人目標として直接設定します。

「②方針・課題」については、部長であるならば、部門課題がほぼそのまま個人目標となります。また課長であるならば、部門課題の中で自身が担当する課題が個人目標となります。

一般社員については、部門課題から一個人に展開された課題を個人目標として設定します。その場合、部門課題をそのままコピペするのではなく、ブレイクダウン・役割分担した上で個人が担当する内容で目標設定をします（図表15）。

また、それぞれの立場において、個人として問題解決に取り組むべき課題があるならば、部門課題と関連していなくても個人目標として追加します。たとえば、自身の担当作業の改善、担当工程の改善、担当顧客に対しての目標達成の取り組みなどです。

このような構造上、当然ながら部門課題が的外れなものであったり、不明瞭であったり、優先順位のつけ方に問題があれば、それに直接紐づく役職者の個人目標、そこから展開される一般社員の個人目標にも問題が生じるのは自明のことでしょう。

組織目標、個人目標のチェック体制を作る

組織目標（業績目標、方針・課題）策定にあたっては、前述したように、部門に丸投げではなく、経営会議などの場で「各部門発表→レビュー・フィードバック→承認」というオフィシャルな策定の仕組みをつくり、精度を高めていくべきです。

また、その後の組織目標を個人目標に展開する際に、適切に展開できているかをチェックする体制が必要です。

そこをブラックボックスにしてしまうと、部門間のバラつきが大きくなりますし、また適切に作成・展開できていない部門では、期待している経営成果を得られなくなってしまいます。

作成日	
部門	経理部

P(計画) 具体的行動計画	担当者	計画スケジュール(○○‥で表現)											
		4	5	6	7	8	9	10	11	12	1	2	3
各社会計システムの比較検討	上田	○	○	○									
現状業務フロー分析・課題抽出	鈴木	○	○	○	○								
導入システムの検討	上田・鈴木				○	○							
導入システムの確定	上田・鈴木						○						
経営会議での承認	上田						○						
ベンダー選定要件の策定	上田・田中						○						
ベンダー選定	上田・田中							○					
ベンダーと導入打合せ、作業実施	上田・田中							○	○	○	○	○	○

社員番号	所属	役職	氏名
1115	経理部・経理課	—	鈴木歩武

具体的行動計画 P(計画)	計画スケジュール (○○‥で表現)				4月~6月 進捗&結果		
	4-6	7-9	10-12	1-3	評価	D(実施)・C(確認・検証) 実施したこととその成果・効果 実施できなかったこととその原因	A(改善) 今後の対策・次四半期の行動は? (何をいつまでに)
現状業務フロー分析	○						
現状業務フロー課題抽出	○						
現状分析報告書作成	○						
導入システムの検討		○					
導入システムの決定		○					

図表15　部門課題から個人目標シートへのブレイクダウン・展開例

部門課題実行計画シート

No.	課題	現状分析 〈実績値、問題点、原因〉	なぜこの課題に取り組むのか？目的は？それによるメリットは？ （具体的に）	2022年3月時点の到達・達成イメージ （それより早ければその期日を記入）	
				どんな状態になっているか （定性達成イメージ）	目標を数値化するとどうなるか （KGI・KPI）
1	現行会計システムの更新	・2022年9月に現行会計システムの保守が切れる ・自社運用のため、サーバー保守に場所と人員を割いている ・現バージョンにおける機能すべてを使いこなせていない ・ルール、多岐に及ぶ業務フローが統一されていないので、無駄な作業が多く作業効率化が進まない ・月次管理資料の作成に工数がかかっている	・最新版の会計システムへの移行による保守継続 ・新システム機能をフル活用し、業務も効率化を実現する ・システム入替予定によるフロー見直し、作成 ・システムから直接各種管理資料を出力する事による工数の削減 ・属人化を解消し引継ぎ作業の軽減 ・煩雑な計算が多いために発生する人的ミスの削減	・2021年9月にシステム更新の方向性が確定している ・2022年3月にテスト運用開始	

部門課題をブレイクダウンして個人が担当する内容に落とし込む

個人目標シート

No.	課題 ①部署の課題で担当する課題 ②担当業務・顧客に対して取り組む課題 ↓ ①②を明記して、課題を記入する		現状分析 〈実績値、問題点、原因〉	2022年3月末時点での達成目標 （それより早ければその期日を記入）	
				どんな状態になるか （定性達成イメージ）	目標を数値化するとどうなるか （KGI・KPI）
1	①	新会計システムの検討および業務フロー課題抽出	・2022年9月に現行会計システムの保守が切れる ・自社運用のため、サーバー保守に場所と人員を割いている ・現バージョンにおける機能すべてを使いこなせていない ・ルール、多岐に及ぶ業務フローが統一されていないので無駄な作業が多く作業効率化が進まない ・月次管理資料の作成に工数がかかっている	2021年7月に業務フローの課題が抽出され関係者に報告が完了している	

社員番号	所属	役職	氏名

具体的行動計画 P(計画)	計画スケジュール (□□・・で表現)				4月～6月 進捗&結果		
	4-6	7-9	10-12	1-3	評価	D(実施)・C(確認・検証) 実施したこととその成果・効果 実施できなかったこととその原因	A(改善) 今後の対策・次四半期の行動は? (何をいつまでに)

個人目標シート

No.	課題 ①部署の課題で担当する課題 ②担当業務・顧客に対して取り組む課題 ↓ ①②を明記して、課題を記入する	現状分析 〈実績値、問題点、原因〉	○○○○年３月末時点での達成目標 （それより早ければその期日を記入）	
			どんな状態になるか （定性達成イメージ）	目標を数値化するとどうなるか （KGI・KPI）
1				
2				
3				
4				
5				

組織目標を個人目標に展開する際に、「中期ビジョン↓中期経営計画策定↓経営計画・予算策定↓部門計画策定↓個人目標設定」と展開していくと、経営計画策定プロセスの途中の個人目標設定から評価制度に連動していくことがわかります。

このとき、会社の機能の「経営計画」と「人事」の2つの領域が重なっており、それを一気通貫して管理することが求められます。

実際の運用においては、部門計画策定までは経営企画部が主導し、そこから先の評価制度における個人目標は各自で設定、人事部はそのスケジューリングや提出管理をする程度といった流れが多いですが、チェック機能を加えることが望ましいでしょう。

経営企画部が部門計画に対してどこまでチェック・フィードバックできるか、人事部が個人目標に対してどこまでチェック・フィードバックできるかが目標管理の精度向上の鍵となります。

管理部のような形で、経営企画機能と人事機能のどちらも内包しているのであれば、次のような体制とします。

組織目標のチェック……経営会議・管理部
「組織目標↓個人目標」の連動チェック、個人目標の妥当性チェック……管理部

会社の規模が大きくなってくると、経営企画部と人事部が分かれるケースが増えてきます。その場合は、両者の役割分担と連携を考える必要があります。

組織目標のチェック……経営会議・経営企画部
「組織目標↓個人目標」の連動チェック、個人目標の妥当性チェック……人事部

留意したいのは、経営企画部・人事部それぞれでスケジューリングをして全社に告知をする際に、「中期ビジョン↓中期経営計画策定↓経営計画・予算策定↓部門計画策定↓個人目標設定」の全体の流れを踏まえた上で、連携してメッセージを出す必要があるという点です。

受け手の各部門・各現場に対して、組織目標の設定と個人目標への展開を別物と捉えら

れることのないように配慮することが望ましいでしょう。

4 重大症状②
目標を達成するための行動計画になっていない

「現状」を明確にして、あるべき姿とのギャップを設定する

課題とは、「現状から何かしらの手立てを講じることで、あるべき姿・目標と現状とのギャップを埋める」ための方向性であり、その方向性に基づく行動・アクションを構想・計画します。

そのために、フォーマットもこの考え方に即して活用する必要があります。

１６６～１６７ページのように、「現状分析」「目的」「当年度の到達・達成イメージ（定性目標・定量目標）」を明確にします。

作成日	
部門	経理部

P(計画) 具体的行動計画	担当者	計画スケジュール(□□・・で表現)											
		4	5	6	7	8	9	10	11	12	1	2	3
各社会計システムの比較検討	上田	○	○	○									
現状業務フロー分析・課題抽出	鈴木	○	○	○	○								
導入システムの検討	上田・鈴木				○	○							
導入システムの確定	上田・鈴木						○						
経営会議での承認	上田						○						
ベンダー選定要件の策定	上田・田中						○						
ベンダー選定	上田・田中							○					
ベンダーと導入打合せ、作業実施	上田・田中							○	○	○	○	○	○

（1）現状分析〈実績値、問題点、原因〉

当該課題についての前年度の実績値や現状の実績を記述したり、現状分析を行って問題点・原因などを明確にします。

（2）なぜこの課題に取り組むのか？　目的は？　それによるメリットは？（具体的に）

手段が目的化しないように、目的やメリットを具体的に記述します。

右の欄の定性達成イメージやKGI・KPIを達成することで、その先のどのような成果につながっていくのかを記述します。

（3）○○○○年3月時点の到達・達成イメージ（それより早ければその期日を記入）

部門課題計画シート

No.	課題	現状分析 〈実績値、現状分析、問題点〉	なぜこの課題に取り組むのか？目的は？それによるメリットは？（具体的に）	2022年3月時点の到達・達成イメージ（それより早ければその期日を記入）	
				どんな状態になっているか（定性達成イメージ）	目標を数値化するとどうなるか（KGI・KPI）
1	現行会計システムの更新	・2022年9月に現行会計システムの保守が切れる ・自社運用のため、サーバー保守に場所と人員を割いている ・現バージョンにおける機能すべてを使いこなせていない ・ルール、多岐に及ぶ業務フローが統一されていないので、無駄な作業が多く作業効率化が進まない ・月次管理資料の作成に工数がかかっている	・最新版の会計システムへの移行による保守継続 ・新システム機能をフル活用し、業務も効率化を実現する ・システム入替予定によるフロー見直し、作成 ・システムから直接各種管理資料を出力する事による工数の削減 ・属人化を解消し引継ぎ作業の軽減 ・煩雑な計算が多いために発生する人的ミスの削減	・2021年9月にシステム更新の方向性が確定している ・2022年3月にテスト運用開始	

「どんな状態になっているか（定性達成イメージ）」と「目標を定量化・数値化するとどうなるか（ＫＧＩ・ＫＰＩ）」の２つの欄に分かれています。

ここでＫＧＩとＫＰＩについて解説します。

ＫＧＩとは、Key Goal Indicator の略で「重要目標達成指標」を指します。これは最終的な結果を示す指標です。

ＫＰＩとは、Key Performance Indicator の略で「重要業績評価指標」を指します。これは最終的な成果を達成する上で、その達成度合いをプロセスで測定・モニタリングするための定量的な指標です。

たとえば、新卒採用の担当者となり、課題

が「新卒採用者の予定数確保」とした場合、最終的な成果としてKGIを「内定受諾10人」のように設定できます。

しかし、新卒採用活動において内定受諾までには長いプロセスがあります。

そのプロセスにおいても測定すべき数値があります。

たとえば、母集団形成フェーズにおいては、「ウェブエントリー数」「説明会予約数」「説明会来場者数」、選考フェーズにおいては、「1次選考受験者数」「1次選考合格者数」「2次選考受験者数」「2次選考合格者数」「役員面接受験者数」「内定数」「内定受諾者数」などです。

これらの中で特に重視すべき項目をKPIとして目標設定します。

現状分析における昨年の問題点として

・ウェブエントリー数は目標どおり達成できていた
・しかし、そこから説明会予約に進んだ率が非常に悪かった
・それが最後の内定出しで人数不足になった最大の要因だった

という点が挙げられたならば、重視すべきＫＰＩとして「説明会予約数」「説明会予約率」「説明会来場者数」を重点管理するのです。

このように、「目標を定量化・数値化するとどうなるか（ＫＧＩ・ＫＰＩ）」欄には、当該課題の最終的な成果である結果指標であるＫＧＩとプロセス指標であるＫＰＩをどちらも盛り込むと施策・行動計画の検討や効果検証を適切に行うことができます。

結果指標としてのＫＧＩとプロセス指標としてのＫＰＩの違いを示した事例を紹介します。少し古いですがＪＲ東海パッセンジャーズの新幹線車内のワゴンサービスの販売業務改善施策の事例です。まずは、同社の事例をお読みください。

> 最近、同社が取り入れたのが「振り返り販売」と「お勧め販売」である。
> 振り返り販売とは客席を通過しても何度も振り返り、お客の見逃しを無くすこと。
> 一方、お勧め販売とは、お弁当を買った人にお茶を勧めるというような「関連販売」だ。
> （中略）

2つの販売について、きっちりと数値管理している。2010年12月では、振り返りとお勧めの回数はそれぞれ7195回(1列車当たり約24回)と3913回(同13回)。うち販売に結び付いた回数は411回(17回に1回ほど)と1312回(3回につき1回ほど)という高さだ。

(『日経情報ストラテジー』2012年2月号より)

座席の背後からワゴンサービスが来て、「買おうかなと思った瞬間に通り過ぎてしまっていた。後から追いかけてまでほしいわけではないから、まぁいいか……」という経験はありませんか?

何度も振り返ることで、目が合って「買いたい」の合図や声掛けをしてもらうことで、その機会損失を防ぐのが目的です。

このときの実際の評価項目はわかりませんのであくまでも想像ですが、この場合は、

・KGI(結果指標)→販売額：売上高目標達成率、粗利益目標達成率など
・KPI(プロセス指標)→行動回数：振り返り回数・お勧め回数

の双方が対象となるでしょう。

販売額という結果で販売員の評価をするのはごく自然な発想だと思います。

その上で、結果指標だけではなく、プロセス指標も管理し評価したほうがよいのはなぜでしょうか？

その理由は、３つあります。


【理由１】プロセスの行動であれば、標準化による再現性が高く育成が容易であるため

行動は目に見えるものであり、マニュアル化、標準化しやすいため、再現性や横展開、教育、育成が容易です。

事例のＲ東海パッセンジャーズの新幹線車内のワゴンサービスの販売業務改善においても、マニュアル化、集合研修（ノウハウの共有、ロールプレイイングなど）などを実施したようです。


【理由２】結果数字はコントロール不能だが、プロセスの行動はコントロール可能であり能動的な取り組みが可能であるため

人はコントロールできる対象ほど、主体的にモチベーションを高く持って取り組むことができます。また、コントロールできるからこそ、責任を負うことができます。特に、行動の質（接客レベルなど）や率（成約率など）は不確実性が高いですが、行動量や回数を増やすのは誰にでもでき（できない理由がない）、確実性が高い目標です。

理由1の取り組みで「武器」を与え、理由2の取り組みでコントロール可能な能動的な行動を促しています。

【理由3】結果のみならず、プロセスを管理することで先行管理が可能となるため

結果はプロセスがあって生まれます。「この正しいプロセスを経れば望んでいる結果を得られる」という方程式を確立させれば、プロセスの段階で結果をある程度見通すことができるようになります。「このままでは望んでいる結果に達しない」という見通しであれば、プロセスの行動を増やして挽回したり先回りして、別の対策を講じることができます。

（4）P（計画）具体的行動計画

ここまでで目標値と現状とのギャップが明らかになっているはずです。その上で、そのギャップを埋めるための具体的な行動計画を設定します。

たとえば、ある重点商品の拡販を課題として、以下のようなギャップがあるとします。

現状の実績値：前年度実績2億円
目標値　　：今年度目標3億円

ギャップが1億円なので、どうやって1億円の上乗せをするのかを検討する必要があり、それが具体的な行動計画になります。

しかし、一見して目標達成につながらないような行動計画がしばしば見られます。目標達成につながらない行動計画では、当然ながら行動計画を実行しても目標達成できません。最も多い症状は、ルーティン活動や業務予定を記入して、行動計画としてしまうケースです。「計画」ですから、ルーティンで行う業務や当期に実施する業務予定を記述しても一見違和感はありません。

しかし「課題・テーマに関連していればどんな行動でもとにかく書けばよい」というわけではありません。現状があって、ルーティン活動や通常実施する業務予定を実行すると目標とのギャップが埋まるでしょうか？　この場合、期末には「現状」が継続・再現される可能性が高いでしょう。それでは「目標達成のためのツール」になっていません。

現状から何かしらの手立てを講じることで目標・あるべき姿にたどり着くのが目標達成までのプロセスですから、その行動はあくまでも「目標を達成するための行動」でなければいけません。

たとえば、新卒採用の担当者となり、課題を「新卒採用者の予定数確保」と設定した場合、良くない行動計画例は次のようなものです。

- 採用媒体への広告掲載
- 求人サイトの原稿アップ
- 合同説明会への参加
- 会社説明会の実施
- 選考会の実施
- 面接スケジュール管理
- 内定出し

「新卒採用者の予定数を確保するため」に昨年と同様の活動でよいのか、あるいは何かを変える必要があるのかを考える必要があります。

昨年と同様の活動でよいならば、それはもはやルーティン業務であり、課題として設定すべきなのかの是非も検討します。他に優先順位の高い課題があるならば、それを課題として設定しましょう。

あるいは、予定数を確保するためには「昨年と同様のやり方ではダメだ、何かを変える必要がある」ということならば、その内容を記述する必要があります。

また、前項で説明したように、採用活動プロセスにおいてＫＰＩを設定したならば、そのＫＰＩを達成するための行動ポイント・施策も検討する必要があります。先ほどの例だと「説明会予約数」「説明会予約率」「説明会来場者数」を向上・達成するための取り組みは具体的に何になるのかを記述します。

説明会を開催しても、求人サイトの原稿をアップしても、それだけでギャップが埋まるということはありません。

「月に1回安全会議を開催する」「定期的に顧客訪問し情報収集する」などもルーティン業務の記述に過ぎず、ギャップを埋めるための新たな取り組み・行動ではありません。

・なぜ月に1回安全会議を開催すれば事故・トラブル数が昨年度の30件から15件に半減するのか？
・なぜ定期的に既存顧客を訪問すれば売上高を1億円増やせるのか？

というように、一つひとつの取り組みや行動の積み重ねがなぜギャップを埋めることになるのかを目標設定時にチェックする必要があります。そこで論理的に説明できない行動計画であれば目標達成はできません。

> なぜ月に1回安全会議を開催すれば事故・トラブル数が昨年度の30件から15件に半減するのか？
> ←
> 安全会議を開催するだけでは事故・トラブルが半減することにはならない。

そうではなく、次のように考えることができると、ギャップを埋めるための方策として論理的であると言えます。

昨年度30件の事故・トラブルの発生傾向、原因を洗い出し、再発防止のための改善策を検討した。
・そのうち、10件はレイアウトの改善、作業動線の改善によって再発は防げる見通し
・5件は特定商品の運搬時のトラブルであり、運搬方法の見直しによって再発は防げる見通し
よって、この2点の再発防止策を検討、実行することによって15件減らすことが可能と見込んでいる。

目標達成・問題解決の仮説を考え、実行し、検証・評価する

次のような言葉があります。

「狂気とは、同じことを何度も何度も繰り返し、違う結果や何らかの変化が起こらないかと期待すること」

業績を向上させたい、前期未達だった目標を今期は達成したいならば、今までのやり方

とは異なる何らかの取り組みを始める必要があるのは当たり前ですが、組織でも個人でも見かけるのはこんな光景です。

「いつもと同じ仕事のやり方をしながら、成果が上がることを期待する」

「新しい挑戦をせずに同じ仕事しかせずに、成長を期待する」

「毎月同じ作業を繰り返して、いつの間にか効率化が実現することを期待する」

「いつもと同じコミュニケーションをとって、勝手にメンバーとの関係性が良くなることを期待する」


ポイントは、対策、解決策、実行策など目標に向けての変化をもたらすであろうと期待できる行動が盛り込まれているかどうかです。

「対策、解決策、実行策などの目標に向けての変化をもたらすであろうと期待できる行動」という表現からわかるように、これらは仮説です。仮説とは、「こうすればうまくいくのではないか」「こうすればギャップが解消されるのではないか」「こうすれば目標達成に向けて進むのではないか」と期待できる内容であり、それを実際の行動に落とし込みます。

仮説ですから、実行してその結果を見ない限りはうまくいったのかどうかの評価・判断ができません。

だからこそ、実行後の検証・評価が必要です。

「解決策の検討」や「計画作り」という行動計画を盛り込むことも

また、行動計画策定の段階で、具体的な解決策や改善策を行動計画に記述することができないこともあるでしょう。その段階で解決策を立案できていないこともあるでしょうし、期初の時間の制約がある中で検討そのものができていないこともあるでしょう。

多くの会社で目標設定の時期は期末と新年度のスタートの時期であり、繁忙期とも言えます。その中でじっくりと時間を取って、メンバーと議論をしながら精度の高い対策、解決策、実行策を検討するのは大変です。

・昨年度の事故・トラブルの発生傾向、原因を洗い出し、再発防止のための改善策を検討・実施する
・現状分析に基づき、対策・解決策を立案する
・合宿で今期の新サービスのマーケティングプランを詰める

つまり、「解決策の検討」や「計画作り」という行動計画を盛り込むのです。それならば、その時期が来た際に進捗フォローをすれば具体的な対策、解決策、実行策が出ているのかを確認することができます。

5 重大症状③ 期中でのフォロー・モニタリングがない

期中フォローする仕組みが欠如している

部門課題、個人目標それぞれにおいて、計画策定にエネルギーと時間を注いだものの、期がスタートしてからは部門任せ、本人任せになってしまうことが多々あります。

スタートして1年間ほったらかしにした上で期末評価時のみに進捗や達成度を確認し、そのときに進捗が思わしくなかったとしたらそれまでの時間を浪費したことと同様ですし、その時間を取り戻すことはできません。

計画はあくまでも仮説であり、仮説を実行して想定どおりの効果が挙がっているか、つまり目標に近づいているかを確認し、想定どおりの効果が挙がっていないのならば行動の追加や修正をする必要があります。

仮説を実行して、想定どおり100％の効果が得られるということはほとんどありません。ほとんどの場合ズレやギャップが生じるわけですから、目標達成のための行動が「うまくいっていない」と卑下する必要もありません。淡々と前向きに軌道修正すればよいのです。

部門計画については、できれば毎月あるいは隔月程度で進捗フォローミーティング（部門長が参加し進捗報告・フィードバックをする場）を開催しましょう。フォローミーティングの目的は、確実な実行を促すと同時に、実行計画の進捗状況を確認・共有することです。また、組織としての実行力、原因分析力、問題解決力の向上および参加者全体のレベルの底上げ効果が目的です。

また、個人目標の期中のフォローは1カ月に1回は行うべきでしょう。

効果的なフォローができていない

ＰＤＣＡの「ＣＡ」をどのように行うのかの認識や基準が揃っているでしょうか？

部門計画・個人目標に共通しますが、フォローすべき「ＣＡ」とは何かの定義づけができていないケースが多々あります。

「結果を確認・評価し、次のＰ（計画）につなげる」という表現がよく見られますが、「活動報告」や「進捗・結果報告」という抽象的な見出しで報告してしまうと内容にもレベルにもバラつきが出ますので、次のようにフォローすべき視点を具体的に設定します。

１　当月に計画していた行動を実施したか、実施しなかったか
２　行動計画を実施した結果、期待どおりの効果が出たか、出なかったか
３　行動計画を実施しなかったならばその原因は何か、また期待どおりの効果が出なかったならばその原因は何か
４　次月以降の行動計画の修正や追加施策の検討、計画の削除は必要ないか（「何を」「いつまでに」と具体的に記入）
５　新たな課題の追加や課題の重要度の見直しは必要ないか

これらの視点ごとに思考し、記入しますので、当然ながら「活動報告」のような見出し

	作成日	2021/10/1
	部門	

D(実施) 具体的に何を実施し、何が実施できなかったか 計画の実行度合いは何%か?	C(確認・検証)		A(改善) 行動の修正 今後の対策・次の行動は? (何をいつまでに)
	どんな成果・効果が上がったか	期待効果未達or未実行の場合、具体的な原因は何か	
・9月の計画について、導入システムが○○○に確定し、経営会議で承認を得られた。 ・ベンダー選定要件に基づき依頼したベンダー3社から説明を頂いた。当日の質疑および要望に対応する形で本提案書を作成いただく。	当初計画通りのスケジュールで導入システムが確定し、ベンダーの選定も進んでいる。	・○○機能についてはオプションとなり、当初想定の費用を超える見通し。初回打ち合わせでの要求事項でそれを含めていないまま話が進んでしまい、見積もり対象から漏れてしまっていたのが原因。	・10月10日、13日、17日に3社からそれぞれ提案をいただく。 ・当初予算で収まるように、その前に○○機能について価格交渉を行う。

で一つの記入欄にまとめるべきではなく、上のシート記入例のように視点ごとに記入欄を設けます。

この効果は「都合の悪い報告から逃げられなくなる」ことです。

一つの欄で自由な視点で報告をすると、どうしても都合の良い報告となってしまいます。たとえば、良い結果を大々的に報告し、未実行の内容があってもその記入・報告がなかったり、さらりと記入されているだけで終わっているケースです。

この5つの視点での進捗確認と効果検証については、実行者(記入者)のマネジメント

部門課題進捗確認シート

No.	課題	P(計画) 具体的行動計画	担当者	計画スケジュール(□□‥で表現)											
				4	5	6	7	8	9	10	11	12	1	2	3
1	現行会計システムの更新	各社会計システムの比較検討	上田	□	□	□									
		現状業務フロー分析・課題抽出	鈴木	□	□	□	□								
		導入システムの検討	上田・鈴木				□	□							
		導入システムの確定	上田・鈴木						□						
		経営会議での承認	上田						□						
		ベンダー選定要件の策定	上田・田中					□	□						
		ベンダー選定	上田・田中						□	□					
		ベンダーと導入打合せ、作業実施	上田・田中							□	□	□	□	□	□

レベルの確認の場となります。

同じフォーマット、同じ「発表→フィードバック」の形式だからこそ、人によるマネジメントレベルの巧拙が際立ってわかります。

個人目標の進捗確認シートは、計画策定と同じシートを活用します。

186ページの個人目標のシートは部門課題進捗確認シートと比べて見出しを簡素化しています。しかし、部門課題と同様のレベルで細かくチェックすることが可能ならば、それが望ましいです。

以上、本章では「目標設定→目標達成ツール」としての活用ポイントを解説しました。

【個人目標シート】

No.	課題 ①部署の課題で担当する課題 ②担当業務・顧客に対して取り組む課題 ↓①②を明記して、課題を記入する		評価	4月〜6月 進捗&結果 D（実施）・C（確認・検証） 実施したこととその成果・効果 実施できなかったこととその原因	4月〜6月 進捗&結果 A（改善） 今後の対策・次四半期の行動は？ （何をいつまでに）
1					

組織目標のPDCAと個人目標のPDCAをうまく連動させられるかどうかが肝であり、その巧拙が会社や部門の経営力・マネジメント力およびその結果である業績に直結します。

本章のポイント

□目標管理がうまくいかない原因は以下の3点。

①組織目標からの展開がされておらず、どんな目標を設定するかが個々に委ねられ個人の思い付きの目標となっている。

②仮説としての新たな取り組みが計画されておらず、目標を達成するための行動計画になっていない。

③期中でのフォロー・モニタリングの仕組みがない。

□組織目標は、「①業績目標」と「②方針・課題」で構成される。

①業績目標

その部門・部署などの組織単位で求められる最終的な成果として最も重要な指標を設定する。最近では、生産性に関する業績指標を設定するケースが増えている。

②方針・課題

部門目標や部門のありたい姿に向けた課題として何に取り組むのかを言語化し、まとめる。

（1）部門方針

部門方針は次の視点が欠けていると単なるスローガンで終わる。

1点目として、「顧客満足度の追求」や「コスト意識の向上」「予算達成」などの「当たり前」の内容は書かない。

2点目として、「選択と集中」と「リソースの再配分」という要素を加える。「どれもこれも大事だからすべてがんばって取り組もう」ではなく、複数の選択肢の中で何を選択し、それに対応してリソースを再配分してどこにリソースを集中させるのかを示す。

(2) 部門課題

A 「①業績目標」を達成するために取り組む課題

B 当年度経営方針に基づく取り組む課題

C 問題解決のために取り組む課題

D 5年先のビジョン実現など中長期的に取り組む課題を抽出し、経営会議などの場で「各部門発表→レビュー・フィードバック→承認」というオフィシャルな策定の仕組みを作り、精度を高める。

□目標を達成するための行動計画には、ルーティン業務ではなく、対策、解決策、実行策など目標に向けての変化をもたらすであろうと期待できる行動が盛り込まれているかどうかがポイント。

□期中フォローは、下記の5つの視点で行う。

1　当月に計画していた行動を実施したか、実施しなかったか

2　行動計画を実施した結果、期待どおりの効果が出たか、出なかったか

3　行動計画を実施しなかったならばその原因は何か、また期待どおりの効果が出なかったならばその原因は何か

4　次月以降の行動計画の修正や追加施策の検討、計画の削除は必要ないか（「何を」「いつまでに」と具体的に記入）

5　新たな課題の追加や課題の重要度の見直しは必要ないか

□組織目標のPDCAと個人目標のPDCAをうまく連動させられるかどうかが肝であり、その巧拙が会社や部門の経営力・マネジメント力およびその結果である業績に直結する。

第4章

「評価→育成ツール」としての活用ポイント

1 人材育成のゴールとは?

育成とはそもそも何を指すか

マネージャー層になると、人材育成や部下育成という役割が期待されます。

しかし、職場での「育成」とはそもそも何を指すのでしょうか?

評価制度を「育成ツール」として活用するために、「どうなったら育成したと言えるのか?（ゴール）」「どうやって育成するのか?（プロセス）」に分けてポイントを押さえる必要があります。

どうなったら育成したと言えるのか？（ゴール）

「会社として社員に求めるもの」ができるようになること。つまり、

> 1. 各役割における目標の達成・問題解決
> （1）各役割において目標を達成すること
> （2）各役割において目標達成や問題解決のための構想や計画を策定し、実行すること
> 2. 各役割における目標達成・問題解決を行うための能力の発揮・行動
> （1）各等級に求められる能力を習得すること
> （2）各等級に求められる能力を発揮・行動すること

の中で、できなかったことができるようになり自律的に仕事を進めることができるようになることが「育成」であり、「成長」です。

「自分はマネージャーとして、部下の育成や部下に対して成長の働きかけができているか？」という問いはマネージャーとして常に自分自身に問いかけるべき質問です。

その質問に対する回答、つまりマネージャーとして部下育成ができているかの判断基準は、「部下の評価シートや等級基準の評価が前年よりも高くなっているかどうか」です。

部下との関わりというと、指導する、相談に乗る、褒める、叱る、信頼関係を築く、勇気づける、声をかける、応援する、フォローする……などさまざまな関わりがありますが、それらは言ってしまえば育成の手段に過ぎません（もちろん手段だから重要でないということではありません）。

部下育成のゴールは、「評価シートに挙げられている項目の中で、何ができていないかを確認・評価し、それらをできるようになること」です。そう考えるとシンプルではないでしょうか。

1. 各役割における目標の達成・問題解決

（1）各役割において目標を達成すること
（2）各役割において目標達成や問題解決のための構想や計画を策定し、実行することというのは、第3章で紹介した目標管理に該当しますので、本章では、下記にフォーカスして話を進めます。

2. 各役割における目標達成・問題解決を行うための能力の発揮・行動
（1）各等級に求められる能力を習得すること
（2）各等級に求められる能力を発揮・行動すること

「各等級に求められる」という言葉がありますので、等級制度がポイントとなります。

2 等級制度の基本的な考え方

等級制度とは

多くの企業では、「2　各役割における目標達成・問題解決を行うための能力・行動の発揮」を「能力評価」「行動評価」「コンピテンシー評価」のような評価項目で評価しています。

この能力・行動の定義を階層別・等級別にまとめていくことになります。

これらは多くの企業で、

・等級別要件
・等級要件基準

などと呼ばれています。この「等級」とは、社員を階層に区分して格づけを行うもので、その体系を「等級制度」といいます。能力開発の方向性や社員のキャリアパスの指針となります。また、等級が処遇や報酬水準とも紐づくため、等級制度はいわば人事制度の屋台骨とも言えます。

等級制度には、

・職能資格制度（職能等級制度）
・職務等級制度
・役割等級制度

という3つの考え方があります。

日本企業では、社員が持つ能力を基準とした「職能資格制度」が一般的に採用されてきました。この制度では求められる能力、つまり職能のレベルによって等級の格づけが行われます。これは日本企業に特有の考え方であり、職務や職種を超えて設定できるため、スペシャリストではなく人事異動を前提とするゼネラリスト育成に重きを置く企業で使い勝手が良かったのです。

一方、職務や職種を超えて統一した等級基準をつくる必要があり、どうしても表現の抽象度が高くなりがちで、厳密な等級基準としては使いづらく、年功序列的な運用になる問題点も生じます。これを社員の成長・育成や評価にどう活用するのかが考えどころです。

本章の「評価→育成ツール」としての活用ポイントは、この等級基準を社員の成長・育成にいかに結びつけることができるかです。

最適な等級の数とは

まず等級の数ですが、大企業であれば、15以上の等級があることも珍しくありません。しかし、そこで等級ごとの基準を見たときにその違いが明確になっているかというと話が別です。

たとえば、10等級と11等級で求められる能力・スキルが大きく変わらないのであれば、その差は、実ではなく名によるものです。社員を序列化するため、あるいは細かな報酬の差をつけるために、基準が曖昧なまま無理矢理に10等級・11等級という名をつけるのです。その基準を使って成長・育成や評価をすることは難しいでしょう。目的を成長や育成におくのであれば、等級数を絞り込む必要があります。

最もシンプルな格づけは、

・一般社員
・チームリーダー層
・管理職層
・経営幹部層

の４層です。

自分の仕事を完結できるようになり、そこから部下・後輩が増えてチームとしての仕事を求められ、管理職としてマネジメントを行い、最終的には経営幹部として事業の責任者および全社的なマネジメントを行うという区分けです。

基本はこの４層とし、自社の実状に合わせてその中で細分化するとよいでしょう。

たとえば、「一般社員と言っても、やはり新卒１～２年目と、５～６年目ではまったく異なるので、ここを2つの層に分けよう。そうすると全部で5等級になる」、「管理職層も、課長クラスと部長クラスでは求められる視野も責任もまったく異なるので2つに分けよう。そうすると全部で6等級になる」という考え方です。

このように考えていくと、ほとんどの中堅・中小企業では5〜7等級以内で収まります。それ以上になると、求める能力・スキルに明確な差を言葉で表現しづらいという前述した内容に加えて、報酬の逆転現象、つまり下位等級の上限が上位等級の下限を上回るという現象が起こりやすくなります。

繰り返しますが、求める能力・スキルを明確に表現しなければ、社員にとって何が求められるかが曖昧となるため、行動の促しや能力開発に活用しづらくなります。どこまで具体的に表現できるかが鍵です。

等級要件基準のベースは、ビジネスパーソンとして、どの業界、どの会社でも必要な能力・スキルです。一般社員であれば報連相ができるか、リーダー層であれば問題解決力があるか、管理職であればチームマネジメントができるかなどです。

202〜205ページが、等級別要件基準書のサンプルです。

【能力行動評価シート３等級サンプル】

等級	号俸
3	

社員番号	所属部署	役職

			等級基準	期初時評価	今期育成・成長計画（期初）
企画・改善	現等級	①	常識や前例、今のやり方を前向きに否定して、総括・担当する業務を抜本的に見直すことができる		
		②	担当する業務に新たな価値を付加し繰り返しバージョンアップすることができる		
		③	課および担当業務での顕在的な問題やニーズについて正しく把握し、問題解決できる		
		④	問題が発生したときに、対症療法だけではなく、原因を追究し抜本的な解決ができる		
	上位等級	①	常識や前例、今のやり方を前向きに否定して、課内の生産性向上の取り組みや新たな挑戦ができる		
		②	部門横断的テーマに挑戦的に取り組むことができる		
		③	課および担当業務での潜在的なニーズについて正しく把握し、問題解決できる		

定期的に等級基準の項目に対しての現状評価を行い、上司・本人で共有した上で、育成や成長のための計画を策定します(【能力行動評価シート3等級サンプル】参照)。

企画・改善	人間力・人財育成
①常識や前例、今のやり方を前向きに否定して、現事業やビジネスモデルの変革ができる ②全社的テーマや経営上の新機軸に自らが挑戦的に取り組んでいる ③新規事業の創造ができる ④会社の枠にとらわれず、あらゆる場で自身の考え方を示し、社外を巻き込んで変革・挑戦・革新の場を作っている	①経営者代理として、自らの意見や考えを的確に伝え、組織メンバーを動機づけることができる ②組織活性化、人財育成のための企業文化の創出に影響力を発揮している ③全社的な視点で、戦略実現のための最適な組織体制を設計・提案することができる ④全社的な視点で人財育成計画、人財配置計画を立てることができる
①常識や前例、今のやり方を前向きに否定して、創造的な企画を立案・実行することができる ②部門の枠に捉われず、様々な場面で自分の意見を伝えて、全社的に変革・挑戦・革新の場を作っている ③自らの知識・スキル・経験を部門内で共有できるレベルに体系化し、部内の再現性を高めることができる	①問題意識が旺盛で会社全体にとって有益な意見を公の場で述べている ②対立する意見や係争点を的確に判断し、双方のwin-winを示し意見の統合や調整をすることができる ③緊急事態において、部下に不安・不満を抱かせることなく行動させることができる ④必要なことはためらわずに指摘・フィードバックできる ⑤部全体の部下の能力や適正を把握し、的確な人員配置や人事異動の提案ができる
①常識や前例、今のやり方を前向きに否定して、課内の生産性向上の取組みや新たな挑戦ができる ②部門横断的テーマに挑戦的に取り組むことができる ③課および担当業務での潜在的な問題やニーズについて正しく把握し、問題解決できる	①自部門だけの利益のためではなく、全社最適な視点で行動できる ②部下の目標設定による動機付けや自己啓発促進ができる ③部下の悩みや課題の解決をサポートすることができ、部下から信頼されている ④マネジメントの型に基づき、定期的な面談や対話を行い、部下の能力・スキル向上のための育成や行動改善のサポートができる ⑤人事評価およびフィードバック、育成計画の策定をルールに則り確実に実践することができる ⑥部下に対する振り返りのフィードバックを行い、成長促進ができる

等級別要件基準書

等級	役職		総合レベル	成果達成／業務遂行
6等級	部長	本部長	全社的視点で思考・行動でき、経営幹部として会社ビジョンおよび経営方針の策定や目標設定に携わり、全社業績および統括部門の業績に対して責任を負うことができる。 またはスペシャリストとして余人を持って代え難い専門スキルを持ち、会社の顔として業務を行うことができる	①外部環境（マクロ市場、業界動向、顧客動向）を洞察し、社内外の資源を戦略的に結び付け、中長期的な視点でビジョン・戦略・方針を立案することができる ②全社レベル・本部レベルの意思決定に沿った課題を策定し、解決・達成のための論理的な計画を策定することができる。 ③全社レベル・本部レベルの目標・課題達成のための進捗管理を適切に行い必要な軌道修正を行うことができる ④固有な人脈を持ち、会社の顔として、会社の信頼や利益等を左右するような重要な社外との調整や対外折衝ができる 〈スペシャリスト系〉 ⑤極めて高度な専門知識・スキルを持ち、業界の第一人者として認知されている（→会社の競争力の源泉となるレベルで経営会議での承認を必要とする）
5等級	部長	課長・室長	部門の責任者として、業務運営および目標達成のための計画・実行・達成責任を負うことができる またはスペシャリストとして、極めて高度な専門的業務を行う	①全社方針に基づき、部のあるべき姿に到達するための課題を設定し、解決・達成のための論理的な計画を策定することができる ②部門計画の結果分析や検証と対策を的確に行うことができる ③組織内で発生する問題に対して、根本解決のための具体的な計画に落とし込み成果達成および成果物作成に向けて完遂することができる ④他部門や全社が関係する事項については、関係者と的確に調整し、実行に結びつけることができる 〈スペシャリスト系〉 ⑤極めて高度な専門知識・スキルを持ち、顧客に信頼されている（→会社の競争力の源泉となるレベルで経営会議での承認を必要とする）
4等級		課長・室長	課・室レベルの責任者として、業務運営および目標達成のための計画・実行・達成責任を負うことができる	①部門方針・目標・計画の策定に参画することができる ②全社方針・部門方針を、課の業務・状況に結び付けて、部下に徹底させることができる ③部門目標・計画に基づき、課のあるべき姿に到達するための課題を設定し、達成のための論理的な計画を策定することができる ④課の実行計画の結果分析や検証と対策を的確に行うことができる

企画・改善	人間力・人財育成
①常識や前例、今のやり方を前向きに否定して、統括・担当する業務を抜本的に見直すことができる ②担当する業務に新たな価値を付加し繰り返しバージョンアップすることができる ③課および担当業務での顕在的な問題やニーズについて正しく把握し、問題解決できる ④問題が発生した時に、対症療法だけではなく、原因を追究し抜本的な解決ができる	①社内外を問わず自らコミュニケーションを図り、信頼関係を築いている ②自分の意見や考えをわかりやすく表現し、相手を納得させることができる ③相手の心情を敏感に察知することができ、適切に対応している ④部下・後輩の能力と知識を把握し、不足している部分を中長期的な観点で育成できる ⑤部下・後輩の悩みや課題を理解したうえで、フォローができる
①常識や前例、今のやり方を前向きに否定して、担当業務における生産性向上の取組みや新たな挑戦ができる ②日常業務についてwhatレベルの改善提案ができる(作業をなくす、減らす、追加するなど) ③担当する業務での簡単なトラブルについては独力で対応・解決できる	①自分の所属部署(課・室)だけでなく、他部門・他部署にも関心を持ち、積極的にコミュニケーションが図れる ②自分の意見や考えをわかりやすく表現し、相手に理解させることができる ③後輩の能力と知識を把握し、OJTにおいて不足している部分を指導できる
①日常業務についてhowレベル(どのような方法・手順で)の改善提案ができる ②担当業務において、標準化やマニュアル化ができる	①誰に対しても適切な挨拶ができる ②上司・先輩社員・同僚と好ましい人間関係を保つことができる ③状況に応じて、進んで同僚のフォローができる ④決められたルールを守ることができる ⑤基本的なマナーを守り、相手に不快な思いをさせない ⑥基本的な業務は、後輩・パート社員へ指示やアドバイスができる

等級別要件基準書

等級	役職	総合レベル	成果達成／業務遂行
3等級	課長代理・室長代理	担当業務の責任者として、部下・後輩の教育・指導ができる、また、熟練のスキル・技能を持ち、高度な業務を遂行できる	①課内での仕事の適切な割当と必要な業務調整ができる ②複数の社員で担当する業務において、実行責任者として業務を完結できる ③複数課題の実行責任者として目標達成のための行動計画を策定し、実行後の結果分析や検証と対策を的確に行うことができる ④非定型的な業務、判断を要する業務についても独力で遂行できる ⑤部内・課内の案件が、他部署に相談が必要かの判断ができる
2等級		担当業務に関して、非定型業務が処理できる程度の能力・スキル・知識を持ち、通常の手続き以外に前例や経験を加味した判断を必要とされる業務が遂行でき、ほぼ一人前として任せられる	①定型業務について、Q（品質）・C（コスト・工数）・D（納期・期限）の基準を守って独力で遂行できる ②仕事の指示や依頼を受けた場合、その内容・趣旨を理解した上で、どう効率よく（how）進めていくのかを考えることができる ③非定型業務において、自己判断案件か上司判断案件かの判断ができ、必要に応じて適切な報連相ができる
1等級		定型業務に取組み、上司の指示・フォロー・チェックによって業務を遂行できる	①定型業務を遂行するにあたって、自己判断案件か上司相談案件かの判断ができ、必要に応じて適切な報連相ができる ②質・量・スピードの期待水準を満たして担当業務を遂行できる ③自分のやるべき作業を期限までに抜け漏れなく遂行でき、上司指示や同僚の手伝いなどのイレギュラーにも柔軟に対応できる

3 どうやって育成するのか？

研修企画に力を入れるのではなく、ＯＪＴの仕組みづくりを

各等級で求められる能力・行動ができるようになることが本人にとっての成長であり、上司にとっての部下育成です。

評価によって現状でできること、できないことを確認し、できないことをできるようにするための教育・育成計画を立て、教育の実施、育成フォローを行い、結果として育成というゴールを達成します。

育成の手段としては、

・ＯＪＴ（On the Job Training）
・ＯＦＦ－ＪＴ（Off the Job Training）
・自己啓発（Self - Development）

が３本柱です。

この中で、企業の中の人事部・教育担当者が力を入れるのはＯＦＦ－ＪＴです。階層別研修の企画、流行の研修テーマのリサーチ、研修会社・講師の選定、カリキュラム詰め、受講者への告知・案内、当日運営など、さまざまな業務があります。

これはこれでインプットや共通言語化のために必要なのですが、ＯＦＦ－ＪＴの研修企画・研修実施にいくら力を入れても、社員の成長には限定的な効果しかありません。

研修の効果として、次のような声をよく聞きます。

「セミナーや研修は役に立たない。参加させても人は変わらない」
「研修と実務に連動性がない」
「仕事は現場で覚えるもの」

「これまで何度も社員を研修に参加させたが、結局変化も成長もなかった」
「研修に参加させた後の2～3日間は変わったような気がしたが、またすぐに元に戻った」
「階層別教育を何度か実施したが、一時的なカンフル剤にしかならなかった」
「研修やセミナーで個人がスキルアップしても、それが業績向上や会社成長につながらない」

なぜこうなってしまうのでしょうか。

それは、研修はあくまでもインプット（＝スタート）に過ぎず、それをどのように実践に生かし、どのように成長していくかという、スタート以降の育成の仕組みができていないためです。これでは研修の効果は限定的です。

ＯＦＦ－ＪＴに比べて、ＯＪＴの仕組みづくりやＯＪＴのレベルアップに力を入れる会社は少ないです。

結果として、次に挙げるようなＯＪＴが残り続けており、効果的な人材育成につながらないケースが多々見られます。

・現場任せ
・無計画・思いつき
・指導者によるバラつきあり
・最低限の業務、作業ができるようになるための指導
・新入社員向けのみが対象

このようなＯＪＴのみだと、効果を発揮するのは新入社員や中途入社者が最低限の業務スキルを習得できるようになるまでのごく限られた期間のみです。それ以降の何十年にわたるキャリアにおける成長は偶然に左右され、フタを開けて見なければわからないということになります。

ＯＪＴは「あらゆる成長段階での育成」のために必要

それでは、なぜこのようなＯＪＴになっているのでしょうか。原因を考えてみると、そもそもＯＪＴは現場主体で行うものなのか、人事部が組織の仕組みとして主体的に関わる

のかが曖昧だからです。

多くの場合は次のような形式ではないでしょうか。

・新卒で入社した1年目の社員のＯＪＴについてはある程度人事部が関わる
―入社時教育は人事部で企画・実施
―現場での新入社員受け入れのためのＯＪＴ担当者向けのトレーニング実施
―現場でＯＪＴ実施
・2年目以降は、ほぼ現場丸投げ

場合によっては、入社1年目から現場丸投げということもあります。

ＯＪＴが現場丸投げになっていると、ＯＪＴの仕組みが確立していないことがほとんどです。つまり、仕組みがないまま、上司・先輩という指導者次第のＯＪＴになってしまいます。

それが継続していくと、人事部が現場での人材育成に口を出すことは難しくなります。

結局、組織としての人材育成の仕組みではなく、部下育成マネジメントがマネージャー個人任せになっているのです。

そうではなく、組織マネジメントの一環として、ＯＪＴの考え方、ＯＪＴによる育成方法を仕組みとして確立し、上司が部下の成長に能動的にフォーカスして成長を実現できるようにしなければなりません。

目指すべきは、次のようなＯＪＴの仕組みです。

・新入社員のみならず、あらゆる成長段階が対象
・指導ではなく、育成
・計画的

「ＯＪＴ＝新入社員向け・若手社員向け」という誤解をまずなくしましょう。

次期経営者候補に対しても、次のマネージャー候補にもＯＪＴは必要です。

ということは、作業や業務のやり方を指導するという限られた内容ではないはずです。

全社員を対象としたＯＪＴの仕組みを運用するために、第2章で述べたように「評価と育成をセット」で捉えましょう。

評価シートやスキルマップなどの評価項目で不足点・ギャップが生じている点を評価で把握した上でそれを今後どのように習得・実践できるようにするのかの育成計画を立て、それを実行して成長を実現させます。

評価制度が仕組みとして運用されている一方で、育成は仕組みではなく個人の力量に委ねられているのが問題です。

「評価と育成をセット」にすることで、育成も仕組み化することができます。

4　人の成長「70：20：10の法則」

「70：20：10の法則」とは

「70：20：10の法則」という言葉があります。

これは、アメリカのリーダーシップ研究の調査機関ロミンガー社の調査・分析結果から生まれた法則で、同社がリーダーシップをうまく発揮できている経営幹部に対して「現在に至るまでどのようなことが自身の成長に影響を与えているか」という調査を行ったところ、「70％が経験、20％が薫陶、10％が研修」であることがわかったというものです。

すなわち、

1成長の70％は実生活や仕事における経験をこなし、問題解決をすることでもたらされる
2成長の20％は他者（上司やメンター、コーチなど）からのフィードバックやコーチングによる気づきでもたらされる
3成長の10％は正式なトレーニングや研修によりもたらされる

という調査結果です。

基本的な知識ややり方を習得するための上司や先輩の指導や研修からスタートし、実際に仕事に取り組み、そのプロセスの中で上司や周りからのフォローやフィードバックを受けながら成長していくのが、人の成長サイクルなのですが、この中で特に重要なのが70％を占める「実際の仕事の経験」です。

成長のためのポイントが「経験」であるということは、育成のポイントも同様に「経験」となります。

前節でＯＦＦ－ＪＴ、つまり研修などを受講することによる成長には限界があると述べたのもこれが理由です。

それでは、「評価→育成」の流れの中で、どのように経験による成長をサポートすることができるでしょうか。

評価と同時に、実際の経験をいかに積むかも計画化する

能力・行動評価項目について定期的に各項目で評価を行い、評価の理由・事例を記述します。

現状把握・評価を行い、上司・本人で共有した上で、不足している点をどのように習得するか、どのように伸ばしていくか、という成長の方向性を決めます。

また、成長に向けての課題を検討する欄、それらを共有し具体的に成長計画・育成計画を記入する欄を設けています。ここは過去の結果ではなく、未来に向けての育成・成長計画を記入します。

・研修や勉強会などで基礎知識・スキルを学ぶ
・ＯＪＴで一度やり方を教えてもらう

・仕事のアサイン（割当）の予定をする
・一人で実践する
・対顧客に実際にトライする

など、ＯＦＦ－ＪＴ、ＯＪＴという教育計画はもちろんのこと、実際の経験をいかに積むかもできるだけ計画化するのがポイントです（２１８〜２１９ページ参照）。

上位等級項目の評価をすることで、計画的に経験を積むチャンスを作る

評価項目は、現等級の要件基準だけではなく、一つ上の等級の要件基準も設定しています。なぜでしょうか？

前述した成長サイクルを踏まえると、成長に最も影響を与えるのは「実際の仕事の経験」です。

それでは仕事の経験とはどうやって生まれるのでしょうか？

突発的なトラブル対応や問題解決、複雑な折衝など、突発的に生まれる経験もあります。

しかし、環境やタイミングに依存する偶発的な経験だけで確実な成長は見込めません。そこには運の要素が強く影響されるためです。

そうではなく、「計画的に経験を積む」という点に重きを置きましょう。この計画的な経験の付与こそが人材育成で重要です。

上位等級の評価項目が意味するのは、上位等級に求められる能力・仕事を今のうちに体験する機会を設定せざるを得ない状況にするためです。

たとえば、ある会社では4等級になったら管理職となり、通常課長級の役職に任命されます。多くの場合、3等級の社員には3等級レベルの仕事が割り当てられます。そのレベルの仕事を数年かけて遂行・習熟していき、やがて4等級に昇格となった場合、4等級・課長級に求められる仕事、すなわち課の目標設定、目標達成のための課題設定、部下のマネジメント・育成など、これまでよりレベルの高い仕事に即対応しなければなりません。それではその時点で最高のパフォーマンスを発揮することは難しいでしょう。

つまり、そこで機会損失が生じます

この場合の成長曲線は、仕事のレベルと比例してなだらかな線で上がり、急にレベルが上がり、またなだらかな線で上がるというのを繰り返すイメージです。

昇格条件チェック	評価対象	点数	判定	昇格条件
	現等級平均			2.6以上は条件クリア
	上位等級平均			1.6以上は条件クリア

1次評価者名	**2次評価者名**

今期育成・成長計画〈期初〉	進捗状況〈中間〉（本人コメント）
・担当する○○業務の業務フローの見直しを実施する。その際に関連部署との調整・折衝も行うこと。 ・○○顧客へのサービスのバージョンアップとして○○を行う。 ・課の重点課題の○○についリーダーとして今後の対応を行う。 ・下期からスタートする○○PJに参画し、部門横断的テーマである「○○」に挑戦する。その前に、プロジェクトマネジメント研修に上期中に参加する。	

一方、上位等級評価が組み込まれているケースを見てみましょう。

3等級に昇格したばかりの際にはまだまだ3等級レベルの仕事も完全ではありません。まずはそこに集中しつつ習熟・遂行していきます。3等級のレベルの仕事をある程度遂行できるようになるいずれかの段階で一つ上のレベルである4等級に求められる仕事も徐々に割り当てられることになります。

たとえば、

・まだ課長にはなっていないが、次年度の課の目標設定・課題設定の叩き台を作成し、上長の課長に提出、フ

能力・行動評価

各項目、評価(3・2・1)および必要に応じてコメント

評価基準		
	3	独力で遂行・完結でき、フォロー、サポート、指導が必要なく、任せられる状態
	2	時折フォロー、サポート、指導が必要な状態(80%程度)
	1	フォロー、サポート、指導が必要であったり、やったことがない状態

等級	号俸
3	

社員番号	所属部署	役職	氏名(本人)

			等級基準	期初時評価
成果達成/業務遂行	現等級	①	常識や前例、今のやり方を前向きに否定して、統括・担当する業務を抜本的に見直すことができる	2
		②	担当する業務に新たな価値を付加し繰り返しバージョンアップすることができる	2
		③	課および担当業務での顕在的な問題やニーズについて正しく把握し、問題解決できる	2
		④	問題が発生した時に、対症療法だけではなく、原因を追究し抜本的な解決ができる	3
	上位等級	①	常識や前例、今のやり方を前向きに否定して、課内の生産性向上の取組みや新たな挑戦ができる	1
		②	部門横断的テーマに挑戦的に取り組むことができる	1
		③	課および担当業務での潜在的な問題やニーズについて正しく把握し、問題解決できる	2

イードバックを受ける

・正式な1次評価者ではないが、部下・後輩の育成担当者となり育成に携わり、人事評価の際に仮の評価を実施して上司の課長に情報提供を行うとともに、フィードバック面談にも同席する

など、3等級の段階から4等級の仕事を体験することができます。最初は十分なフォローとフィードバックを受けないと遂行できなかった仕事が、体験を積み重ねることで徐々に独力で完遂できるようになります。その状態で4等級に昇格すると、4等級・課長級の仕事を即戦力

として遂行することができます。

本人にとっても組織にとってもそのほうが効率的です。

このように階段状で能力アップを図るのではなく、常に直線的な成長ができるような仕組みを設けることが重要です。

こうした仕組みがなく、部下が3等級だから3等級並みの仕事を上司が割当て、本人はその仕事を当たり前のようにこなし、それが恒常化してしまうようでは加速的な成長は望めません。

上位等級の項目を評価シートに組み込むことで、それに取り組まざるを得ない、経験せざるを得ない状態を作るのがポイントです。

5 経験と学びの4つのサイクル

同じ失敗をしない人と、何度も同じ失敗を繰り返す人の違い

前節で「計画的な経験の付与」の重要性を解説しました。

しかし、経験の積み重ねが人の成長に寄与するはずなのですが、中には同じ失敗を何度も繰り返す人がいます。

一度失敗体験をして二度と同じ失敗をしない人と、何度も同じ失敗を繰り返す人の違いは何なのでしょうか。

次の3つのシチュエーションで、それぞれを比較してみましょう。どちらが成長できる人でしょうか？

1．ある営業マン

Aさん「今日の商談、めでたく受注できたぞ！　やったー！」

Bさん「今日は無事に商談がまとまったけれども、プレゼンのあの部分はイマイチだったな。もっと現状の問題点を放置することのリスクを強調すればよかったな」

2．あるサッカー選手

Cさん「よし！　決めたぞ～！　俺ってかっこいい～」

Dさん「よし！　決めたぞ～！　そうかこのフェイントって結構使えるな。もうワンステップ入れるともっといいかも。また試してみよっと」

3．ある主任

Eさん「よし、今日も営業ミーティングが終わったぞ。でも、自分が中心になって話をし過ぎてしまったな。なんでだろう？　どうすればもっとメンバーの意見を引き出せるかな？　そうか！……」

Fさん「よし、今日も営業ミーティングが終わったぞ。さあ、たまっている書類を仕上げて早く帰ろう」

Bさん、Dさん、Eさんが成長できる人と感じるのではないでしょうか。
それでは、成長できる人にはどのような特徴があるのでしょうか。

- やりっぱなしで終わらせていない
- 終わった後すぐに振り返りをしている
- 反省をして次に活かそうとしている
- 現状に甘んじずに先を見ている
- 単なる反省だけではなく、より良くするための課題を見つけている
- 良い点の成功要因の分析をし、良い点を継続させようとしている
- 結果だけではなく、プロセスを重視している
- 「たまたま」を「再現性のあるもの」に進化させようとしている

私たちは、目の前の一瞬の作業、短期的な業務、数カ月にわたるプロジェクト、あらゆ

るスパンで日々経験・体験を積んでいます。

しかし、「経験のしっぱなし」では、何も得ることはできません。何度教えても同じミスを繰り返す人はこの傾向に陥っています。

「経験さえ積めば人は勝手に育つ」というのは幻想であり、「経験からの振り返りと気づきと学び」がなければ人は育たないのです。

経験と学びの4つのサイクル

次の事例を見てみましょう。

> **1．業務→体験・経験**
>
> 「社長に営業同行したら、現場でいきなり『じゃあ、今日は君が提案してみてよ！』と振られた。しどろもどろになりながらプレゼンを終えた。何とか受注できたけど、社長がフォローしてくれたからな〜。いや〜まいったまいった。事前に言ってくれよ〜」

事前に指示をしてくれれば準備ができたのに、突然その場で言われたのでうまく対応できなかったと嘆いています。この人がこのまま終われば経験からの成長はありません。成長できるのは次のように振り返りができる人です。

1．業務↓体験・経験

社長に営業同行したら、現場でいきなり「じゃあ、今日は君が提案してみてよ！」と振られた。しどろもどろになりながらプレゼンを終えた。何とか受注できたけど、社長がフォローしてくれたからな～。いや～まいったまいった。事前に言ってくれよ～。

2．振り返り・気づき

どうしてうまくプレゼンできなかったんだろう？　そもそも、社長がやると思ってたからまったく準備してなかったから当たり前だよね。そっか、指示されたことをやってるだけだな、これじゃダメだよね。

3．自分なりの教訓化

【教訓、すべき集／すべからず集】

1　商談中いつ振られてもいいように、指示されていなくてもしっかり事前の準備をしておこう。

2　もっと積極的に自分から「私にプレゼンをやらせていただけませんか？」と言ってみよう。指示待ちじゃ成長できないし、つまらないから。

3　これって、プレゼン以外のすべての仕事に言えることだよな。どんな仕事でも、指示される前に自分から積極的に動いてみよう！

4. 新しい状況への適用・応用

（1）社長「明日もお客様に提案しに行くから、君も同行してほしい」

→（はっ！　教訓1と教訓2を使う場面だ！）

←

「はい、承知しました。社長、よろしければプレゼン提案の導入部分を、私に任せていただけませんか？」

図表16　経験と学びの４つのサイクル

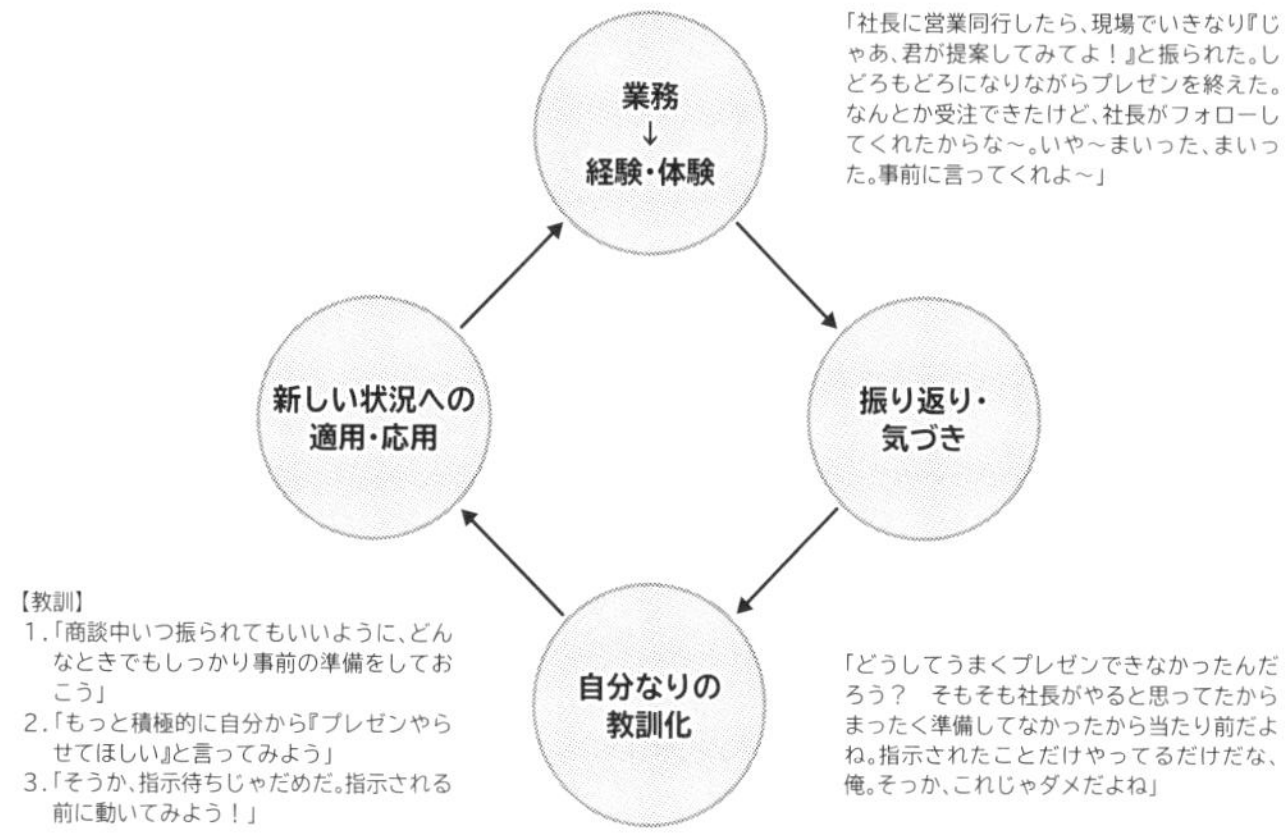
業務
↓
経験・体験
「社長に営業同行したら、現場でいきなり『じゃあ、君が提案してみてよ！』と振られた。しどろもどろになりながらプレゼンを終えた。なんとか受注できたけど、社長がフォローしてくれたからな～。いや～まいった、まいった。事前に言ってくれよ～」
振り返り・気づき
「どうしてうまくプレゼンできなかったんだろう？　そもそも社長がやると思ってたからまったく準備してなかったから当たり前だよね。指示されたことだけやってるだけだな、俺。そっか、これじゃダメだよね」
自分なりの教訓化
【教訓】
1.「商談中いつ振られてもいいように、どんなときでもしっかり事前の準備をしておこう」
2.「もっと積極的に自分から『プレゼンやらせてほしい』と言ってみよう」
3.「そうか、指示待ちじゃだめだ。指示される前に動いてみよう！」
新しい状況への適用・応用

（2）「半年後のお客さま向けの展示会に向けた準備をそろそろ始める時期だな。今年は若手が責任者となって進めてもらいたいのだが、誰かやりたい人はいるかな？」

→（はっ！　教訓3を使う場面だ！）

「はい！　よろしければ私にやらせていただけませんか！」

以上を、「経験と学びの4つのサイクル」と言います（図表16）。

成長する人は、意識的に、あるいは無意識的にこのサイクルを自ら回しています。サイクルを回しながら、教訓（すべき集・すべからず集）や勘所、成功のポイントを蓄積し、次の場面で使える武器を増やします。この武器が多ければ多いほど、仕事ができるということです。

人間関係構築力、営業力、面談スキル、タイムマネジメント……諸々の仕事の能力はこの教訓の蓄積とともに増幅されます。

「再現性のある能力」に進化させることが重要

それでは、このサイクルは誰でも回せるものなのでしょうか？

子どもの頃から自然とこのサイクルを回す習慣が身についている人はいます。たとえば、勉強やスポーツが得意であり、その延長上で仕事力も高い人です。

一方で、子どもの頃に勉強やスポーツが得意であっても、無意識的・感覚的だった場合は、再現性がなく、それが仕事の場で生かされていない場合があります。ましてや、このサイクルを身につけていないまま社会人となる人もいるでしょう。

そのような場合には、それを上司がフォロー・育成するのです。

よく「魚を与える」のではなく、「魚の釣り方を教える」ことが重要だと言われますが、

「魚の釣り方」も「教訓」の一つです。

魚を釣るためのポイントは多岐にわたります。

釣り座（釣りをする場所）の選び方、竿やリール、仕掛けの選び方、時間帯などなど、最低限の知識のインプットから始まり、実践する中でうまくいった成功体験・うまくいかなかった失敗体験を積み、それを教訓化して自分の中に蓄積し、それを次に活かすでしょう。そしていつか、その教訓を他の人に教えることになるかもしれません。

魚の釣り方を覚えることは、「再現性」のある能力の習得です。

「たまたまできた」「たまたまできなかった」を評価するのではなく、「再現性のある能力」に進化させることが「育成」「成長」において最も重要です。

6 経験と学びの4つのサイクルのフォロー方法

ポイントは「対話と質問」

それでは、部下の経験と学びの４つのサイクルを回す力を、上司はどのようにフォロー・育成すればよいのでしょうか。

ポイントは、対話と質問です。

対話は対面でも、オンラインミーティングでも、メールでも、チャットでも構いません。

以下がフォロー時によく使う質問リストです。

（1）体験・経験

・何が起こったのかな？
・○○の件はどうだったかな？
・結果はどうだったかな？
・どのように感じたかな？
・はじめにどうしたの？
・どうしてそうしたの？（そうしようと思ったの？）
・やってみてどうだったかな？
・次はどうやったの？
・具体的にはどんなこと？
・他にはあるかな？

（2）振り返り・気づき

・何がうまくいったかな？
・うまくいった成功要因は何かな？
・さらにレベルアップするとしたら何ができるかな？

・今後も継続するためのポイントは何かな？
・何が実行できなかったかな？
・実行できなかった原因は何かな？
・どうすればその原因を解決できるかな？
・どんなサポートがあればその原因を解決できるかな？
・実行したのに想定どおりの効果が出なかったことはあるかな？
・なぜ想定ほどの効果が出なかったんだろう？
・今後はどうすれば効果が出そうかな？

（3）自分なりの教訓化

・今後の教訓はどのようなものかな？
・この成功体験から得られた教訓は何かな？
・この失敗体験から得られた教訓は何かな？
・他にはあるかな？
・今回の気づきや教訓で他に横展開・転用できることはないかな？

3つのタイミングでの部下への働きかけ

これらの対話と質問をするために、次の3つのタイミングで働きかけを行いましょう。

1. 都度の働きかけ
作業中、商談中、会議中のちょっとした合間などに振り返りを促す。

2. 節目での働きかけ
（1）一つのアクションやイベントが終わったときなど
プロジェクト、商談、会議、作業、研修（→研修報告書）が終わったときに振り返りを促す。
（2）仕事の進捗確認の場
CAを行う場で振り返りと教訓化を同時に行う。つまり、仕事のPDCAと成長のための振り返り・教訓化は同じサイクルで実施する（よって、＋αで負荷がかかるわけではない)。

3. 定期面談・1on1での働きかけ

2週間に一度、30分間程度でよいので、上司⇕部下で定期的に振り返りを促す。
育成フォローも同時に行う。
どんなときにも必ず時間を取る。
「思いつき」ではなく、「定期的に」「継続させる」ことが絶対条件

・急な来客があったから
・今週は繁忙期でバタバタしているから

と言ってやらなくなっては、【定期】とは言えない。

このように上司からの3つの働きかけを重層的に行うことで、「振り返り→気づき・学び→教訓化」を促し習慣化させることができます。

「相手視点」「先読み」「目的志向」の3つの視点でさらに引き出す

上述した質問をすることで、振り返り・気づきとそこからの教訓化を引き出すことが自然とできればよいのですが、経験の浅い部下や振り返り・気づく力がまだまだ不足している部下だと、うまく教訓化まで進めることができない場合があります。

そんなときに私がよく使う３つの視点が下記です。

A「相手視点」で考える
B「先読み」で考える
C「目的志向」で考える

相手視点で考え、対応できればうまくいき、逆に、自分視点で自分の立場や自分のことばかり考えているとうまくいかないことが多いでしょう。

先を読んでその上で今すべきこと、今すべきでないことを判断できればうまくいき、逆に、目先のこと、目の前のことだけしか考えずに思いつきの対応をしているとうまくいかないことが多いでしょう。

本来の目的を考え、その目的に向かって進んでいるかを常に確認できればうまくいき、逆に、手段を目的化して何も考えないまま作業をこなすだけではうまくいかないことが多いでしょう。

私自身もこの3つの視点を持って実際に問題解決できるケースがありましたし、部下やコーチングセッションでの相手とのやり取りでも、この3つの視点を投げかけることで振り返り・気づきと教訓化がうまくできることが多々ありました。

このようなやり取りを何度も繰り返すと、部下自身が自問自答して自分で前に進めることができるようになります。

以下に、質問例をまとめていますのでこちらも活用してください。

〈A　相手視点で考える〉

①相手を考える

・その状況で、相手にはどんな手間・負荷・不安がかかっていたと思う？

・その人（相手、お客様）の目的、メリット・デメリットは何だと思う？
・相手は何を求めていたのかな？　何をあなたに期待していたのかな？

②相手の立場で考える

・そう回答すると、相手にはどんな疑問が浮かび、次に何が知りたくなったと思う？
・そう言うと相手はどう感じただろうか？
・どのような言い方をすれば、相手は気持ちよく動いてくれたと思う？
・相手は何をどういう順番で聞きたかったと思う？　どういう順番だとわかりやすく伝わったかな？

③視点を移動する

・第三者の視点で考えるとどう見えるかな？
・顧客視点で考えるとどう表現すると響くかな？
・自部門の視点を全社視点にするとどう変わるかな？
・自分が社長だったらどう考える？

〈B　先読みで考える〉

①次を考える

・それをすると次に何が必要になると思う？　それなら先回りして何をすべきだったかな？

・それが終わったら次に何の作業が必要？　それなら先回りして何をすべきだったかな？

・そう答えたら次に何が知りたくなると思う？　それならどんな風に伝えればよかったかな？

・この材料、次の工程でどのように使われるか知ってる？　それならどういう状態にしておくと助かるかな？

②先を考える

・ほうっておいたらどうなりそう？　それなら先回りして何をすべきかな？

・この先どんな変化が起こると思う？　それならば先回りして何かする必要があるかな？

・全体のゴールと工程から逆算すると、今どうすべきだと思う？

・3年後のあるべき姿から逆算すると今、何をすべきだと思う？

・期限から逆算すると、今どうすべきかな？

〈C　目的志向で考える〉

①背景を考える

・どのような背景でこういう状態になったと思う？
・どのような背景でこのような議論になったのか知ってる？
・そもそも、なぜそれをやりたいの？
・なぜそれを目指しているの？

②目的を考える

・何のためにそれをやるの？　目的は何かな？
・目的から考えると選択肢の中で何を選ぶべきかな？
・会社全体の仕事を考えると、今優先すべきは何の作業かな？
・私たちの仕事の目的ってなんだっけ？
・そもそもこのＰＪの目的は何か、立ち返ってみたら？
・この作業の目的は？　なぜこの作業が必要なの？
・この会議の目的は？　なぜこの会議が必要なの？

・どうなったら理想的か？　どうなったら目的が達成できたと言えるかな？

ここまでできてＯＪＴ

上司からの３つの働きかけによって、部下の経験と学びの４つのサイクルを年間を通じてフォローするところまでがＯＪＴです。

よくある誤解は「ＯＪＴとは、業務・作業・仕事のやり方を教えること。やってみせること」というものですが、このような「点での指導」はＯＪＴのごく一部にしか過ぎません。

本来のＯＪＴとは、「必要に応じて仕事のやり方をある程度教えた上で、部下に実際に経験を与え、経験と学びの４つのサイクルをフォローして、部下の教訓を増やし、仕事力を育成する」という広い意味の育成を指します。

7 年間を通した人材育成の流れ

人材育成の大きな流れを押さえる

経験と学びの４つのサイクルを回しながら年間を通してどのように人材育成するのかを示したのが以下です。

1．期初
（１）期待役割の提示、期末評価の再確認
（２）成長課題の設定
（３）育成・成長計画の策定

・基本となるインプット（ＯＦＦＪＴ）・指導（ＯＪＴ）の計画
・仕事（経験）のアサインの計画

2. 期中
（１）育成・成長計画の実行
（２）経験と学びの４つのサイクルを回すためのフォロー
→都度・節目・定期面談での働きかけ・フィードバック
（３）都度の評価・成長度合いの把握

3. 期末
（１）１年間の振り返り、年間評価
（２）次年度の成長課題の特定・設定
→「1．期初」へ

部下育成というと、信頼関係作り、対話力、褒め方・叱り方、コーチング、フィードバックスキルなどのテーマのスキル習得に意識が向きますし、研修や書籍でもそのような具体的なテーマが設定されているものが人気です。

しかし、上述した「人材育成の大きな流れ」を実践していなければ、「部下と信頼関係ができコミュニケーションは良好だが、能力習得できるかどうかは部下本人次第」という結果になりかねません。

上司がすべき本質的な人材育成

上司がすべき本質的な人材育成とは、

①計画的に「経験」を与える
②経験から気づき、学ぶ力を育てる
③経験からの教訓化を促す

ことで、部下本人が「経験と学びの４つのサイクル」を回せるようになることです。

部下本人がある程度できるようになった段階で、②と③は本人に任せることもできます。複数の部下がいる場合には、部下それぞれの「経験と学びの4つのサイクル」を回す力を把握し、それに応じた働きかけ・フォローをしましょう。

【自らサイクルを回す力が身についている部下】

すべて本人に任せ、上司はそれを確認する聞き役としてのコーチングスタイルでよいでしょう。それを踏まえて次にどのような経験機会に向き合うのか、どの経験機会にチャレンジするのかを共有します。

【自らサイクルを回す力が身についていない部下】

最初は4つのサイクルすべてをフォロー・サポートし、段階的に身につけてもらうように働きかけます。たとえば新入社員であれば、入社後半年間、毎週1回はこの時間を作ります。半年間で自らサイクルを回す力を習得できれば、ビジネスパーソンとしての加速成長が期待できます。

時間というリソースには限りがあるため、すべての部下に常につきっきりでフォロー・育成ができるはずはないので、時間の使い方にメリハリを利かせるのがポイントです。

本章のポイント

□「会社として社員に求めるもの」の中で、できなかったことができるようになることが「育成」であり、「成長」。部下育成のゴールは、「評価シートに挙げられている項目の中で、何ができていないかを確認・評価し、それらをできるようになること」

□研修はあくまでもインプット＝スタートに過ぎず、それをどのように実践に生かし、どのように成長していくかというスタート以降の育成の仕組みができていないと研修の効果は限定的。

□ＯＪＴは「新入社員向けの業務・作業の指導」ではなく、「あらゆる成長段階での育成」のために必要。

□70：20：10の法則

1 成長の70％は実生活や仕事における経験をこなし、問題解決をすることでもたらされる

2 成長の20％は他者（上司やメンター、コーチなど）からのフィードバックやコーチングによる気づきでもたらされる

3 成長の10％は正式なトレーニングや研修によりもたらされる

特に重要なのが「実際の仕事の経験」であり、成長のためのポイントが「経験」であるということは、育成のポイントも同様に「経験」である。

□上位等級項目を評価シートに組み込むことで、計画的に経験を積むチャンスを作ることができる。

□「経験のしっぱなし」では、何も得ることはできない。何度教えても同じミスを繰り返す人はこの傾向に陥っている。「経験さえ積めば人は勝手に育つ」というのは幻想であり、「経験からの振り返りと気づきと学び」がなければ人は育たない。

□経験と学びの4つのサイクル

1. 業務→体験・経験
2. 振り返り・気づき
3. 自分なりの教訓化
4. 新しい状況への適用・応用

このサイクルをを意識的に、あるいは無意識的に自ら回せる人が成長する人であり、仕事ができる人である。

□部下の経験と学びの4つのサイクルを回す力を上司がフォロー・育成するためのポ

イントは、対話と質問であり、3つのタイミングでの働きかけを重層的に行うことで、「振り返り→気づき・学び→教訓化」を促し習慣化させることができる。

□「相手視点」「先読み」「目的志向」の3つの視点で考えると振り返り・気づきと教訓化をより促すことができる。

□よくある誤解は「ＯＪＴとは、業務・作業・仕事のやり方を教えること。やってみせること」だが、このような「点での指導」はＯＪＴのごく一部にしか過ぎない。本来のＯＪＴとは、「必要に応じて仕事のやり方をある程度教えた上で、部下に実際に経験を与え、経験と学びの4つのサイクルを年間を通じてフォローして、部下の教訓を増やし、仕事力を育成する」という広い意味の育成を指す。

第5章
これからの人事

1 ジョブ型人事制度に関する誤解

ジョブ型人事制度とは

テレワーク下でのマネジメント・評価における誤解とともに、近年見られるもう一つの誤解が「ジョブ型人事制度」についての考え方です。

従来、日本で主流の雇用形態は「メンバーシップ型雇用」です。採用は新卒一括採用で、個々の従業員の仕事の内容や業務を細かく契約で定めず、ジョブローテーションで幅広い職種を体験させ、終身雇用を前提にゼネラリストの養成が行われています。

それに対して「ジョブ型制度」は、「ジョブディスクリプション（職務記述書）」に基づき、あらかじめ仕事の内容や求められる成果、必要な能力・経験などを明確にして、それに照らして最適な人材を起用します。報酬は仕事の難易度や専門性に応じて決められます。テレワークの普及による様々な弊害が生じ、これらの問題を解決するために、メンバーシップ型ではなく、ジョブディスクリプションで社員の職務を明示し、その達成度合いなどを見る「ジョブ型」への移行を進めようとしている企業が増えており、それを解説する言説も多く飛び交っています。

ジョブ型導入での典型的な誤解

しかし、これらで議論されている内容のほとんどは、雇用や評価、賃金の本質的な理解に乏しく、表面的な捉え方しかできていません。

たとえば、次のような考え方はすべて誤解です。

「ジョブ型制度＝解雇自由の考え方であり、リストラが加速するのではないか」
「ジョブ型制度＝成果主義である」
「ジョブ型制度＝プロセスは評価されなくなる」

「ジョブ型制度＝職務記述書で担当業務が詳細に規定されるので、それ以外の業務は依頼できなくなるの？」
「テレワークでは仕事の取り組みが見えないので、ジョブ型制度にして担当業務を明確にすればテレワークを円滑に運用できる」

ジョブ型制度で注目される言説の多くは、

「テレワークで部下の働きぶりが見えない、何をやっているかわからない、管理できない」
←
「ジョブ型制度を導入し、職務記述書でやるべきことを明確に規定すれば何をやっているかがわかる」

「テレワークで部下の働きぶりが見えない、何をやっているかわからない、管理できない」
←
「見えないのであれば、ジョブ型制度を導入し、プロセスではなく成果で評価すればよい」

という２つの構造のようです。
しかし、これらはジョブ型制度の本質の理解が欠如しています。

なぜジョブ型へ移行するのか

メンバーシップ型雇用からジョブ型雇用へ移行する目的は何なのでしょうか。
よく聞かれるのは、

①成果と賃金を結びつけたい
②個々の役割や業務内容を明確に定めたい
③社員の自律心を促し自らキャリア開発をしてもらいたい

などですが、実はそれらの目的はジョブ型雇用を前提としなくても、メンバーシップ型雇用でも十分達成することができます。

①成果と賃金を結び付けたい

今の時代、完全な年功序列の企業などはほとんど存在せず、人事評価制度とそれに紐づく報酬制度で当然に成果を評価しているはずです。人事評価シートにおいても多くは成果や業績を評価する項目が存在しているでしょう。

もし成果を評価していないならば、本書で提示したように、組織目標や個人目標の達成度合いを評価する仕組みに改めます。その評価をどのように処遇へ反映させるかのルールを決めれば、成果と賃金を結びつけることができます。あるいは、年功型賃金を廃止したいならば、それを単純に廃止あるいは半減した上で成果と能力で評価すればよいのです。つまり、成果と賃金の結びつけは人事評価制度の話であり、ジョブ型雇用・メンバーシップ型雇用という雇用形態の話とはまったく関係ありません。

また、そもそもの誤解として、ジョブ型雇用ではその仕事に就く際にポストの値段が決まっているため、成果が上がっても下がってもその値段は変わりません。成果と賃金はむしろ結びつくことにはなりません。

②個々の役割や業務内容を明確に定めたい

社内で個々の役割や業務内容が定まっていないということが本当にあるのでしょうか？職務記述書で業務内容を定めないと、何をしていいかわからない社員で溢れて日々ぼーっと過ごしているということなのでしょうか？

ルーティンで遂行すべき業務は、職務分掌としてある程度言語化しているか言語化していないかにかかわらず、誰しもある程度決まっているでしょう。毎日勤務時間がスタートするときに、「今日何をするか決まっていない」という状況はほとんどないはずです。

また、組織目標があり、その上で業績目標や個人目標に展開されその達成に向けて取り組む。その上で今月はこれを達成する。今週は何に取り組む。今日は何をする……ということは第3章で紹介した目標管理を活用すればできることですし、そもそもこれらができていないということはマネジメントがまったくできていないことと同義です。

マネジメントができていないならば、本書でお伝えしてきた方法でマネジメント活動を適切に行うというそれだけのことです。

ジョブ型制度にすれば勝手に問題が解決し適切なマネジメントが行われるようになるというのは幻想に過ぎません。

職務記述書に遂行すべき業務が細かく羅列されているというのも誤解です。

実際の記述レベルは、たとえば人事部課長の担当業務内容の一部として、「採用：全社要員計画に基づいて、新卒採用・中途採用を行う」などのレベルです。要するに、採用に関連したあらゆる業務を担当するということです。これで「何の業務をやるべきか、何の業務はやらなくてよいか」という具体的な判別ができるでしょうか？　課長と係長と一般社員がチームにいる場合に、誰が何を担当するかがこれで明確になっているでしょうか？

逆に、これ以上細かくタスクを列挙することも難しいものです。

・求人の条件を決める
・採用媒体と費用・条件の交渉をする
・採用媒体に掲載する原稿を作成する
・1次面接を実施する
・1次面接の合否を決める

などのようなレベルのタスクは何百とあるはずです。これをすべて列挙した上で、一人ひとりに割り振った上で契約を結ぶということができるはずがありません。

また、環境変化が断続的に起こる中、新たなやるべき業務が次々と発生するので、やはり担当業務を限定列挙するのは柔軟性に欠けますし、現実的ではありません。よって、職務記述書を活用すれば個々の日々の具体的業務内容が明確になるというのは誤解です。

③社員の自律心を促し自らキャリア開発をしてもらいたい

なぜ、そのように思うのでしょうか？　それならばキャリア教育を強化し、その上で目先の業務のみならず、10年後、5年後、3年後のありたい姿を描き、そこからの逆算でスキルアップ、キャリアアップ、人事異動、役職登用などを行えばよいのです。

会社も上司も本人もいずれの当事者もそのように考えればよいのであって、ジョブ型制度にすることが前提条件ではありません。ジョブ型制度を導入すると社員の自律心が必要になりますが、自律心を促す方法はジョブ型制度だけではありません。

ただし、「会社側の立場で裏の目的を考えると、「会社主導の社員のキャリア開発を放棄することができる」という考え方はあります。これまでは終身雇用の枠組みの中でジョブローテーションが行われ、結果的に社員のキャリア形成がなされていましたが、企業の寿命が

30年と言われる時代において、「自社の中だけの経験で、社員の成長やキャリアアップを約束できるか?」と問われて、100%の自信を持って約束できる企業は少ないでしょう。

実際に、経済界の首脳から次のようなコメントも出ています。

「正直言って、経済界は終身雇用なんてもう守れないと思っているんです」(経団連の中西宏明会長)

「終身雇用を守っていくというのは難しい局面に入ってきた」(トヨタ自動車の豊田章男社長)

「45歳定年制を敷いて会社に頼らない姿勢が必要だ」(サントリーホールディングスの新浪剛史社長)

企業が終身雇用や社員一人ひとりの最適なキャリアアップを気軽に約束できない以上、これからの不確実で変動の激しい時代に対応して働き続けることができる能力・スキル・環境を習得するのは、個人の自己責任となっていくでしょう。

会社としても、社員に対してそれを説明・啓蒙する責任があります。

以上のとおり、ジョブ型制度でなければ実現できない目的はありません。いずれも現状のメンバーシップ型雇用のままで実現可能です。

ジョブ型導入の壁とは

メンバーシップ型雇用においては、社員はポストも職種も無限定契約ですから、企業が自由に人事権を発動して都合よく組織編成をすることができます。新卒採用をして自由に配属先を決めジョブローテーションをしながら育成をしています。その成長度合いを見ながら企業側にとって都合よく適材適所を実現できるのです。

一方、ジョブ型制度では、基本的には、ポストが空いたとき、あるいはポストが新設されたときに社内外から公募でそのポストの適任者を決めることになります。

別の表現をすると、企業側には誰をそのポストに異動・昇進させるかという人事権はないということです。

社員は、自らのキャリアを自ら築いていく環境に置かれます。自らスキルを磨き、ポストが公募された際に自ら手を挙げます。もちろん、現状維持を望むならばずっと今のポストのままです。

これまでの考え方と大きく異なる慣行ですので、人事異動を含めた組織編成、報酬体系、採用と育成のあり方もすべてこの考え方に合致するように設計し直す必要があります。

この点が壁となり、これに完全に対応できる中小企業は多くないでしょう。

ですから、多くの企業では完全なジョブ型制度ではなく、下位等級は職能資格制度のまま新卒採用とジョブローテーションでの育成を続け、上位等級（概ね管理職以上）のみにジョブ型制度を適用するというハイブリッド型の制度導入に留まることがほとんどでしょう。

ただし、上位等級のみであっても職能資格制度からジョブ型制度への移行の意味合いとして、ポストに値段をつけることによる年功序列の排除という目的は特にありませんし、必要性もありません。その程度の目的であれば、役職手当・役付手当などをポストごとに上下させることでポストの価値の違いを明確にすれば、職能資格制度あるいは役割等級制度のままでも対応できるためです。

上位等級のジョブ型制度への移行で求めたい本来の意味合いは、外部のスペシャリスト・プロフェッショナル人材の登用の加速です。

数年前から、現代がＶＵＣＡ（ブーカ）の時代に突入したと言われています。これは

Volatility（変動性）、Uncertainty（不確実性）、Complexity（複雑性）、Ambiguity（曖昧性）の頭文字を取って作られた言葉で、一言で言うと将来が予測不能な時代だということです。テクノロジーの進化やビジネス環境の変化が急激な中、そこで競争に勝ち残るためのビジネスモデル変革やイノベーションを行うための人材を確保するためには、社内でのゼネラリスト人材の登用だけでは限界があります。

すべてのポストでジョブ型制度が必要なのかどうかはともかくとして、会社でコアとなるポストやテクノロジー関連のポストではジョブ型制度との親和性が大きいでしょう。とはいっても、それならば、「メンバーシップ型のままでその限られたポストのみで社内外問わず最適な人材を登用する」という考え方をすればよいだけで、取り立ててジョブ型制度と強調する必要もないのですが。

2 働き方改革の本質

「働き方改革」導入の背景

コロナ禍の前には、働き方改革法案の施行に伴い「働き方改革」というキーワードを毎日のように目にしていました。

働き方改革というと、何をイメージするでしょうか？

働き方改革推進の「背景」としては、「働きやすい環境づくり」と「働く環境の阻害要因の打破」の必要性の高まりがあります。前者は、日本の人口減や労働力人口減少の見通しによって、女性や高齢者、外国人が働きやすい環境を作る必要性、つまりダイバーシティマネジメントの必要性の高まりです。後者は、長時間労働や各種ハラスメントによってメンタルヘルスが悪化し、過労死や過労自殺をも招くという事例から生じた「ブラックな働き方は悪である」という動きの高まりです。

働き方改革に伴う「法改正」によって企業に課せられる義務としては、残業時間の上限規制、有給休暇の年間5日以上の取得義務化、非正規雇用社員の処遇是正につながる同一労働同一賃金などが挙げられます。

以上のように様々なキーワードが思い浮かびますが、国レベル、企業レベル、個人レベルそれぞれの目的の包括的な理解がないまま、法改正への目先の対応や流行りの施策に追従した取組みをするのでは、逆に働く社員の働きがいを損なう結果となってしまうという危機感があります。

「確かに残業時間は減り、有給休暇の取得率が上がった」

「しかし、社員のやりがいやモチベーションが高まったかというと一概にそうとは言えない」

「なぜならば、勤務・業務管理の厳格化によってストレスが増大したため」

「さらには、労働時間が削減され常に余裕がなくアウトプットの品質が下がった」

「顧客の満足度が低下し、人件費は増大し、最終的に会社の利益は減った」

という負の連鎖に陥り、組織が混乱する可能性すらあるのです。

残業時間の上限規制や有給休暇の取得義務化などの「やらなければならない」ことが、イコール「やるべきこと」であるとは限りません。

働き方改革で目指すべき自社の目的とは

働き方改革を通して自社が目指すべき「ありたい姿」はどんなものでしょうか？

自社の「ありたい姿」と現状とのギャップを埋めるために、自社の課題や風土に合ったどのような本質的な取り組みを講じるべきでしょうか。

たとえば、残業時間の上限規制に対して、どのような本質的な取り組みをする必要があるでしょうか。

社員１００人で一人当たり月平均50時間の残業が発生している会社で、30時間／月を上限とする社内ルールを設けたとしましょう。単純に、20時間×１００人＝毎月２０００時間の残業を削減する必要があります。

「22時の強制消灯」「チーム残業実績をマネージャーの人事評価項目に追加」などの表面的

な対応で、自然と2000時間の残業削減が達成できるわけではありません。自宅への持ち帰り残業、残業がカウントされないマネージャーが仕事を抱え込んで疲弊するなどの症状が発生し、残業削減目標の未達成のみならず、何よりも社員のモチベーションを下げてしまう結果となります。

ですから、個々の社員任せではなく、経営の意思に基づき組織として下記のような具体的なアクションを取る必要があります。

①仕事量を維持しながら、社員を10人強増員し2000時間分の残業を吸収する
②2000時間分に該当する仕事量を減らす＝仕事を断り売上・利益を減らす
③仕事量を維持しながら、業務効率化や平準化などの工夫で2000時間分の工数を削減する

①や②の対応策は企業の利益を減らすこととなります。しかし、国として残業時間の上限規制をする目的は、「企業の利益は減ってもよいが、それでも社員の労働時間を減らそう」なのでしょうか？　そうではありません。

厚生労働省による「働き方改革の基本的な考え方」には、「日本が直面する「少子高齢化に伴う生産年齢人口の減少」、「働く方々のニーズの多様化」などの課題に対応するためには、投資やイノベーションによる生産性向上とともに、就業機会の拡大や意欲・能力を存分に発揮できる環境をつくることが必要です」と述べられています。

「働きやすい環境づくり」と「働く環境の阻害要因の打破」だけではなく、経営資源（リソース）の投入によって、「組織としての生産性を向上させる」ことも目的として掲げられているのです。

前述の3つの選択肢では③がそれに該当します。

この目的に照らし合わせると、有給休暇の取得率が向上しても、結果としての生産性が向上せずに利益が減少しているならば、何のための改革なのかということです。

自社の取り組みが「手段の目的化」となっていないか、今一度振り返る必要があるでしょう。

働き方改革とは「改革」ではなく、当たり前の「経営」

このように働き方改革の本質とは、「環境変化に対応しながら、経営資源（リソース）を投下して生産性向上を図り永続的な企業成長を目指すこと」であり、これは改革でも何でもなく、当たり前の「経営」です。

働き方改革法案の施行によって右往左往する企業と、すでに取り組みを行っていて大きな問題が起こらない企業に二分されるのは、これまでの「経営そのもの」に対する考え方の差異に起因するのです。

3 エンゲージメント向上と働きがい・やりがいの実現

エンゲージメントとは

「会社と社員の間に相互理解と信頼関係があり、絆・愛着心を感じている状態」をエンゲージメントと言います。真の働き方改革のためには、生産性向上のための論理的に正しい施策を打ち出しつつ、それを支えるエンゲージメントの向上が両輪として必要です。

働き方改革法案の施行に伴う、残業時間の上限規制、有給休暇の年間5日以上の取得義務化、非正規雇用社員の処遇是正につながる同一労働同一賃金などの法改正、副業・兼業の解禁、テレワークなどの事例を見ると、確かに働きやすい環境づくりが進んできたように感じます。

しかし、エンゲージメント向上や働きがい・やりがいの実現に向けた取り組みもできているでしょうか？　これらは、生産性向上のための「手段」であると同時に、それ自体が目指すべき一つの「目的」でもあります。

働きやすい職場は動機づけになるのか

そもそも、「働きやすい環境づくり」が「エンゲージメントの向上や働きがい・やりがい」に直結するものでしょうか？

それを考えるにあたって、古典的な話ですが、アメリカの臨床心理学者、フレデリック・ハーズバーグが提唱した二要因理論（動機づけ・衛生理論）が参考となります。

仕事における満足度は、ある特定の要因が満たされると満足度が上がり、満たされないと満足度が下がるという一直線上でプラスマイナスになるというものではなく、「満足」を招く要因（動機づけ要因）と「不満足」を招く要因（衛生要因）は独立したものであるという理論です。

不満足を招く衛生要因は、会社の方針や労働条件、上司との関係など、主に「仕事の環境」にあり、それが満たされないと不満足度が高まります。一方でそれらが満たされてもそれ以上に満足度が高くなることはありません。たとえば、会社の方針がよくわからなかったら不満に思うが、会社の方針が明確になって不満は解消したからといってモチベーションが著しく向上することはないということです。

満足を招く動機づけ要因は、達成感、周りからの承認、責任、昇進、成長などの「仕事そのものから得られる要因」にあります。これが満たされると満足度は高まりますが、これらが満たされないからといって不満に感じることは少ないというものです。

ある要因が衛生要因なのか動機づけ要因なのかは確定しているわけではなく、実際にはどちらにも関係します。しかし、どちらの傾向が強いかというのが読み取れるのが図表14です。

二要因理論の示唆で重要な点が2つあります。

①衛生要因が満たされていない状態では、いくら動機づけ要因を満たそうとしても満足度は高まらない。つまり、職場の環境という土台が整備されていない中では、不満は解消

図表14　動機づけ要因と衛生要因

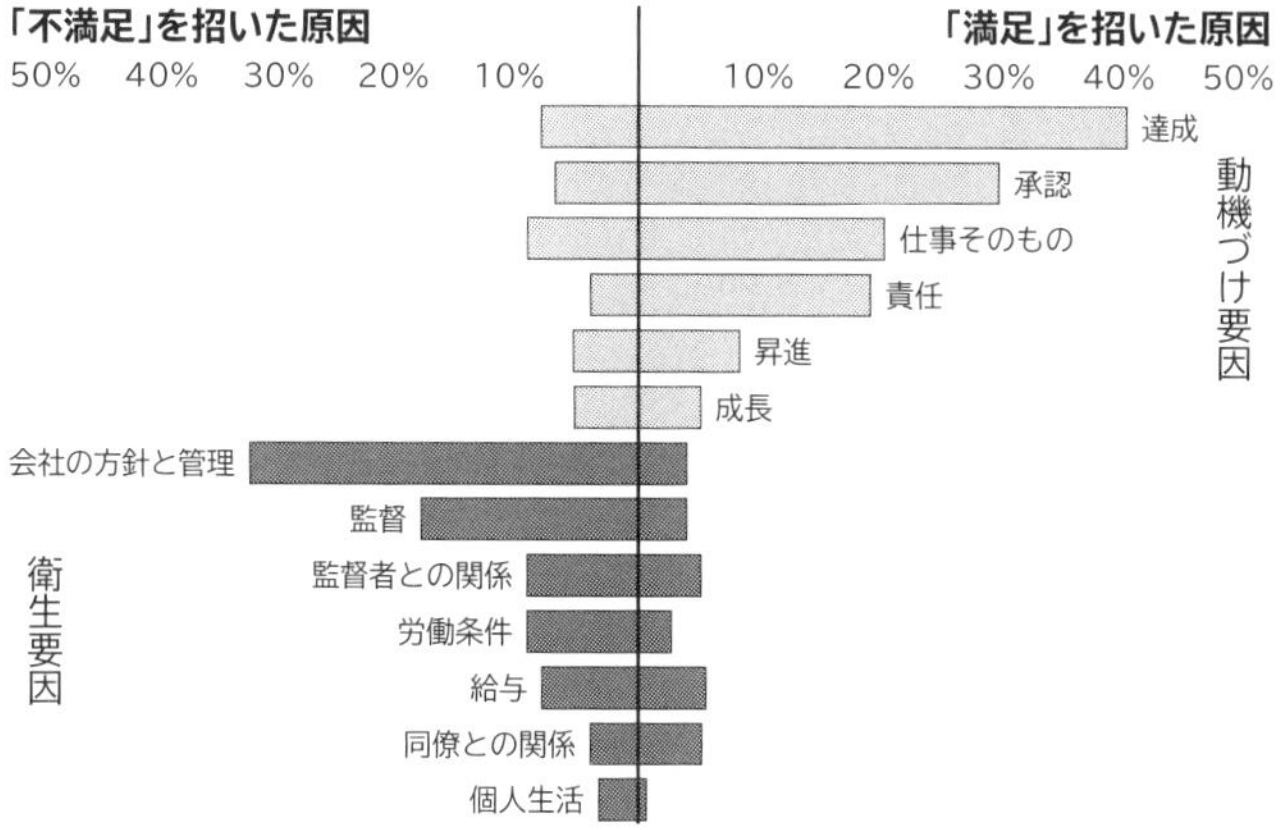

されず、動機づけには至らない。

②衛生要因がいくら満たされても、動機づけ要因が満たされなければ本当の意味でのパフォーマンスは発揮されない。

以上の2つの示唆を、働き方改革の流れに即して考えてみましょう。

働きやすい環境整備は衛生要因であり、最低限の土台です。過重労働の慢性化や有給休暇が取得できない状態では不満が生じるので対応は必要です。

しかし、それだけでは不十分です。達成感や承認などの仕事そのものに起因する動機づけ要因も充足されなければ、エンゲージメント向上や働きがい・やりがいの実現にはつながりません。

自社の働き方改革を進める中で、次のような本末転倒な現象が起こっていないでしょうか？

①残業規制が必要な一般社員は労働時間が削減され、常に余裕がなくアウトプットの品質が下がる

↓

②自己評価および顧客の満足度が低下し、「達成感」も「承認」も「成長」も得られず、動機づけ要因が満たされないままモチベーションが低下する

一方、残業規制が不要な管理監督者（マネージャー）が、チームのキャパシティから溢れた仕事・業務を抱え込み処理しなければならない

↓

③疲弊して最低限の衛生要因も満たされない

このような負の連鎖は本末転倒ですが、実際によく耳にする状況です。だからこそ、表

面的な施策だけではなく、これまで述べてきたような「生産性向上の取り組み」「会社・社員の成長実現型制度（人事評価制度）の運用」「組織マネジメントの確立」という本質的な対策を講じる必要があります。

また、動機づけ要因が満たされないままモチベーションが低下するという現象の解決のヒントが「内発的動機づけ」にあります。

モチベーションには、「外発的動機づけ」と「内発的動機づけ」の2つの種類があります。人ががんばる理由の中には「ご褒美や報酬をもらえるとうれしいからがんばる」という側面がどこかにあります。報酬とは、昇給、賞与などの金銭的報酬に限らず、昇進、表彰、周りの人からの承認も広い意味での報酬です。これらはすべて、働く本人の外から提供される報酬なので外発的報酬といいます。この外発的報酬によってモチベーションが上がることを、外発的動機づけと呼びます。

それに対して、「内面から生じる報酬＝その人固有の満足」によって行動したりモチベーションが上がることを内発的動機づけといいます。内面ですので外から働きかけることはできません。つまり、人の行動や意識変革の源泉は「内なる炎」から生まれるということです。「のめり込むように仕事に打ち込んでいる状態」をイメージするとわかりやすいかもしれません。
この内発的動機づけを引き出すための3つの基本的な欲求・条件があります。

1．他者受容感：「自分の存在価値を実感できる」

上司からの信頼や同僚のサポートの存在など、周りの大切な人から受容されていると感じられるか？

2．自己有能感：「自分は〝できる〟〝やれる〟と思える」

やり方がわかっているか？　目標が明確で、かつ達成可能と思うことができるか？　貢献・成長している実感があるか？

3．自己決定感：「自分自身が決めたと思える」

人に指示されるのではなく自らが選択して決めているか？　自由度が与えられており参画意識が持てているか？

冒頭に挙げたようなテレワークで勤務する場合に、これら3つの条件が満たされるでしょうか？

まず、他者との関係性・つながりである「他者受容感」は減少します。よって、ウェブ会議などのＩＴを活用したコミュニケーションツールをいかに活用するかが課題となります。また、それ以外の「つながり」「絆」を維持・向上させるための仕掛けも必要です。

次に、「自己有能感」では、適切な目標設定ができており、それを達成するための武器や能力・スキルが備わっているかが重要なポイントです。十分な武器を与えられず、また自身の能力・スキルが不足しているならば、個として自律して活動して成果を上げることは難しく、周りの人からの指導やサポートが不可欠です。

さらに、「自己決定感」も「自己有能感」と似た傾向になります。自ら主体的に決める、あるいはその決定を任せてもらえるという信頼感は、それを可能にする能力・スキルが前提として必要です。

結論としては、個人が働きやすい環境や柔軟な働き方が可能となる制度を推進すると、「個の自律」が重要な課題となります。

自ら考え自ら動ける人は内発的動機が維持されて生産性は高まります。しかし、まだ周りからの指導やサポートが必要な人や自己管理ができない人が個の自律を強く求められると、内発的動機の3つの条件である「他者受容感」「自己有能感」「自己決定感」は満たされず、生産性は逆に低下してしまいます。

ですから、テレワークの際には自律しきれていない社員へのサポートが必要です。この点は本章の第5節で解説します。

Q12とは

企業は組織力強化の施策を並行して進める必要があります。それが、「二要因理論（動機づけ・衛生理論）」や「内発的動機づけの3つの条件」を踏まえた施策であり、また、社員のエンゲージメントを向上させるための施策です。

このエンゲージメントを定期的に測定し、必要な対策を講じる企業が近年増えてきています。

組織のエンゲージメントを測るツールとして、世論調査や人材コンサルティング事業を行うアメリカのギャラップ社が実施している「エンゲージメント・サーベイ」があります。

そのギャラップ社が全世界１３００万人のビジネスパーソンを調査し、そこから導き出したエンゲージメントを測定する12の質問が「Ｑ12（キュー・トゥエルブ）（図表15）」です。

日本企業のビジネスパーソンのエンゲージメントはどれくらいだと思いますか？

この調査によると、日本企業はエンゲージメントの高い「熱意あふれる社員」の割合が６％で、調査した１３９カ国中１３２位と最下位レベルだったのです（アメリカは32％）。さらに「周囲に不満をまき散らしている無気力な社員」の割合は24％、「やる気のない社員」の割合は70％に達しているとのことです。

各質問に対して、「5点：そのとおりである、4点：ある程度そう思う、2点：あまりそう思わない、1点：そうではない」などの基準で社員がアンケート形式で回答します。その結果を全社／部署別で集計・分析することで、解決すべき課題が明確となります。そして、マネージャーにとっては自身のマネジメントを振り返る重要な気づきとなるでしょう。

まずは自ら12の質問へ回答することから始めてみてはいかがでしょうか。

想像してみましょう。これら12の質問の回答がすべて5点だったとしたら、どれほど充実した状態で仕事に取り組めるでしょうか？

図表15　Q12（キュー・トゥエルブ）

	質問内容
Q1	職場で自分が何を期待されているかを知っている
Q2	仕事を上手く行うために必要な材料や道具を与えられている
Q3	職場で最も得意なことをする機会に毎日恵まれている
Q4	この7日間のうちに、よい仕事をしたと認められたり、褒められたりした
Q5	上司または職場の誰かが、じぶんをひとりの人間として気にかけてくれている
Q6	職場の誰かが自分の成長を促してくれている
Q7	職場で自分の意見が尊重されている
Q8	会社の使命や目的が、自分の仕事は重要だと感じさせてくれている
Q9	職場の同僚が真剣に質の高い仕事をしようとしている
Q10	職場に友人と言えるくらい、仲のよい存在がいる
Q11	この半年のうちに、職場の誰かが自分の成長について話してくれた
Q12	この1年のうちに、仕事について学び、成長する機会があった

法改正による対応ではなく、企業の自主的取り組みとして

人手不足や人材の流動性の高まりの中で、企業が労働市場において「この会社で働きたい」と思われるために、働きやすい環境や柔軟な働き方が可能となる制度が求められています。「法改正によって」対応しなければいけないのではなく、「人材に選ばれるために」自ら対応しなければいけないのです。

法律＝国レベルの働き方改革は、日本の人口減や労働力人口減少への対応として、女性や高齢者、外国人が働きやすい環境を作る必要性、つまりダイバーシティマネジメントの必要性から推進されています。企業レベルの働き方改革は、人手不足の解消や多様な人材の活用・活躍を目指す視点では国レベルと同じですが、「人材に選ばれるためのエンゲージメントの向上→生産性の向上・人材定着化→業績向上・利益創出→会社の成長」に向けての取り組みについては、企業独自で主体的・能動的に推進しなければなりません。

法改正への最低限の受動的な対応をするだけでエンゲージメントが向上するわけではありません。

4 求められる個の自律

ワーク・ライフ・バランス

ここまで企業の視点で述べてきましたが、働く個人の観点で捉えるとどうなるでしょうか。

「ワーク・ライフ・バランス（仕事と生活の調和）」という言葉が叫ばれるようになって15年以上が経ちました。それまでの個人と企業の関係は、簡単に言うと家庭と仕事が切り離された上での、次のような個人と企業との長期契約でした。

・終身雇用や年功型賃金で長期的に守られる

・人生の各段階で発生するライフイベントへの柔軟な対応がなされず、対応できない場合は労働市場および会社から退出を促される（出産退職、介護離職、転勤拒否解雇など）

働き方改革は、このワーク・ライフ・バランスの最終仕上げと言えるでしょう。働きやすい環境や柔軟な働き方が可能となる制度は、女性、高齢者、身障者、外国人、あるいはそれ以外のビジネスパーソンにとって、ライフイベントへの柔軟な対応が可能となる大きなメリットです。

ただし、終身雇用や年功型賃金で長期的に守られる関係は終わります。今後求められるのは「個の自律」です。自分自身のマネジメント（業務配分、タイムマネジメント、モチベーションマネジメント）から、学びとスキルアップ、成果創出までを自己完結させる能力を今後さらに求められるでしょう。

個人として、働きやすい環境や制度をライフステージに応じて有効に活用しつつ、一方で「自ら学び、自ら考え、自ら動き、成長する道」を進んでいくのです。これを自由やチャンス（機会）と捉えるでしょうか？　それとも、自己責任の重さや厳しさと捉えるでしょうか？

副業・兼業の解禁

企業と個人の双方がお互いに選ばれる存在となり、相互理解と信頼関係の元で対等なパートナーシップを結ぶ時代がすでに始まっています。

「自ら学び、自ら考え、自ら動き、成長する道」の道の選択肢の一つが「副業・兼業」です。

終身雇用として一度入社した企業で働くのが当たり前だった時代から、今や生涯に複数の転職をするのが珍しくない時代に変わっています。そして、副業は転職よりもさらに敷居が低いでしょう。スキルアップやキャリアアップの手段が「社内／転職／独立」という選択肢だけではなく、「副業解禁」によってさらに多様化します。

副業の目的の一つは「報酬」であり、各種調査などでもその回答が最も高い割合を占めています。残業時間の上限規制によって時間外手当の額が減ることになり、それを補うために個人は別に収入を確保したいし、企業としてもそれを認めざるを得ないということです。

しかし、「報酬の補填」という目的だけでは働き方改革の本質を見誤ることとなります。働き方改革の目的は「生産性の向上」であり、副業の解禁もその文脈で捉える必要があるためです。

これまで終身雇用の中で一つの企業で囲い込まれていた人材が、その経験や能力を活かして異業種や異分野の世界に飛び出し、多様なネットワーク・人脈に触れ、そこで貢献し、また新たな経験や能力を得ることができる可能性が広がります。それが結果として、企業内部と外部のアイデアの結合による価値の創造、いわゆる「オープン・イノベーション」によって社会全体の生産性の向上につながることが期待されています。企業と個人の双方にメリットがあるのです。

キャリアアップ・スキルアップは個人の自己責任の時代へ

企業が終身雇用や社員一人ひとりの最適なキャリアアップを気軽に約束できない以上、これからの不確実で変動性の激しい時代に対応して働き続けることができる能力・スキル・環境を習得するのは、個人の自己責任となっていくでしょう。近年「老後資金が２０

00万円必要」というフレーズを何度耳にしたことでしょうか。それによって、老後の備えに自己責任が求められるという認識は高まっています。しかし、「老後」だけではなく、「現役として働く間」も同じように環境変化への対応の自己責任が求められるのです。

「一つの会社において、どのようにキャリアアップしていくのか」ではなく、「自分の人生において自分自身という会社をどのように成長させ、どのように顧客（企業）から選ばれるか」という発想が必要です。

自分自身を一つの会社として考えるならば、会社を存続・成長させるポイントとの合致点に気づくでしょう。

①どこにでもあるコモディティ商品で価格競争になるのではなく、差別化されたニッチ・オンリーの商品・サービスを提供する
↓個人に置き換えると、他の人やＡＩ（人工知能）に仕事を奪われないような、自分にしかできない能力・スキルやどこでも通用する能力・スキルを身につける

②特定の取引先にのみ依存するのではなく、取引先を分散させる

↓個人に置き換えると、社内でしか活きないスキルや人脈だけではなく、外の世界での人脈やつながりを持つ

③陳腐化したビジネスモデル・商品・サービスの継続ではなく、常に革新を続ける

↓個人に置き換えると、今の仕事や今までのやり方に固執せずに、常に学び、挑戦し、改善と革新を続ける

人生の目的・目標・戦略・計画を考える

個人として選ばれる存在になるべく、勝ち残りのための戦略が求められています。そして企業としても、それを啓蒙し、教育し、サポートしていく責任があるのではないでしょうか。

働きやすい環境の提供は最低限の条件であって、それ自体が競争優位を持つ条件ではなくなるでしょう。人材育成に熱心な企業においてはすでに行われていることですが、ビジネススキルの習得、自身の強み・弱みの棚卸し、中長期キャリアプラン、短期的な能力開

発プラン、チャレンジングな実践経験、ライフステージの節目で学び直し（リカレント教育）、新たなスキルの経験・習得（リスキリング）の機会などの支援をどこまでできるかが、企業として個人に選ばれるための条件の一つとなります。つまり、個人は勤務条件だけではなく「自分自身という会社の成長をサポートしてくれる企業」を選ぶようになるでしょう。「自分自身という会社の成長」という視点で最も重要なのは、仕事のみならず「人生の目的・目標・戦略・計画」を考えることです。

２０１６年に「１００年時代の人生戦略」と銘打った『ライフシフト』（東洋経済新報社）という書籍が出版されベストセラーとなりました。その中で次のような記述があります。

「これまで多くの人々は『教育↓仕事↓引退』という3ステージの人生を歩んできた。しかし、寿命が延びれば、70代、さらには80代まで働くことが当たり前となっていく。また、仕事のステージの長期化に伴い、ステージの移行を数多く経験する『マルチステージ』の人生に突入するだろう。そこで必要となるのは、画一的な生き方にとらわれず、生涯『変身』を続ける覚悟だ。多くの移行を経験することになる時代では、『何を大切に生き、何を人生の土台にしたいのか』という問いに向き合わざるを得ない。自分のアイデンティティを主体的に築きながら、人生をどのように計画するかが問われる」

企業としても、短期的な能力開発の支援だけではなく、以上のような今後の世の中の変化の啓蒙およびそれに即した「人生の目的・目標・戦略・計画の策定」を社員に促してはいかがでしょうか。

社員の人生計画＝企業の発展

ある企業では全社員に対して、次のようなことを行うワークショップ（研修）を開催しています。

・人生理念の策定
・家庭、仕事、社会、趣味、教養・精神、健康、経済の７つの領域における人生の目標設定
・７つの領域の目標達成のための人生年表のプランニング

・単年度の目標・計画への落とし込み

社員自身の人生計画づくりおよび計画を実行する時間の投資が、直接的にも副次的にも本業の糧となるのであれば、企業としての成果にもつながることでしょう。

5 テレワーク下でのマネジメント・人事評価のポイント

テレワークで特に強化したいマネジメントのポイント

本書では、次のような立場で「対面でもテレワークでも人事評価・マネジメントの原則は変わらない」という点をお伝えしてきました。

・テレワーク導入に伴って起こったと思われている問題のほとんどが誤解であり、「そもそもできていないし、やっていなかったこと」が顕在化しただけのことである。

・「仕事の進め方の基本」「仕事の管理の基本」の3つのステップを、4つの視点に基づいて、部下に応じて使い分けて進めることがマネジメントの大前提であり、人事評価制度をマネジメントツールとして運用する上での大前提である。この管理は「テレワーク下だから必要なこと」ではなく、日常的に必要なことである。

筆者は以上のようなスタンスではありますが、それでも細かな点でテレワーク特有のポイント、テレワーク時に特に強化すべきマネジメントのポイントがあります。本節ではそれらをまとめてお伝えします。

テレワークで成長が停滞している人・成長する人の違い

テレワーク導入当初は各社とも「そもそもテレワークで仕事が回るのか？」という素朴な疑問からスタートしながらも、時間の経過とともに何とか仕事を回せることがわかってきたことでしょう。

そのような環境に次第に慣れてくると、実際にテレワーク環境下で孤独で働く社員に、次のような好ましくない状況が生じることもあります。

・最低限の業務をこなすだけで満足してしまう
・周りのメンバーとの協働・コミュニケーションが最小限に抑えられる
・自分から発信しなければ、会話がないままタコツボ化する
・社外との交流や学びの場への参加に消極的となり、参加しなくなる

テレワークでは「自由な環境で普段から行っている手慣れた業務をこなす」という、刺激のない生活が当たり前になってしまいます。

緊急事態宣言下の1、2カ月間だけ会社全体がテレワークでなんとか業務をこなすということならば、それほど尾を引く問題ではありません。しかし、今後テレワークが（頻度は下がるにしろ）恒常的に行われるならば、個の成長は著しく停滞し、組織にとってもそれは変化・挑戦・革新の阻害になるでしょう。それに対して、マネジメントとしてどのような打ち手が必要なのかを考えなければなりません。

一方、同じような環境で働いていながらも、次のような良い変化・メリットを享受している人も存在します。

・通勤時間が削減されたことによって生まれた余剰時間を、これまでできていなかったリスキリングやリサーチ、研究に充てる
・ウェブ会議システムを有効活用して、社内の他部門、あるいは離れたエリアのメンバーとも積極的にコミュニケーションをとり、情報を収集し、知見を広める
・オンラインセミナーやオンライン交流会などに積極的に参加し、新たな学びと人脈形成、仕事上のコラボレーションを行う

同じような環境にいながらも成長が停滞している人と、テレワークによるメリットを最大限に享受して成長する人に分かれることがわかります。

後者が自律した人であり、前者が自律できていない人です。

テレワークで求められる個の自律

テレワークの特徴は「メンバーの自由度が増す」ということです。

働く「場所」の自由度が高まり、「時間」の自由度も増します。仕事の優先順位、業務を

進めるプロセス、タイムマネジメントも個人の裁量に任されるようになります。「場所」と「時間の使い方」の自由度が増すからこそ、単純にそれを管理・マネジメントするマネージャーがその分、大変になるということです。

まず、上司も部下もその当たり前の状況を理解し、その理解の上で、どのように管理・マネジメントの負荷を減らすことができるのかを考えましょう。

自ら考え自ら動ける人、つまり自律して仕事ができる人は、テレワークで生産性が高まります。そして、自律した部下に対しての上司のマネジメントの負担はそれほど増えるわけではないでしょう。

なぜなら、自律した部下であれば、次のような行動をとってくれることが期待できるためです。

・社内外で適切なコミュニケーションをとりながら協働できる
・仕事の計画、進捗、状況を見える化して、外からわかるようにしている
・定期的かつ必要な報連相を行う
・説明責任を果たすことができる

・実際に成果を挙げる、仕事を完結させる

いかがでしょうか。

簡単に言うと、「この人なら心配ない。問題ない。安心して任せていられる。信頼感がある」という人ではないでしょうか。

本章の第3節で次のように書きました。

結論としては、個人が働きやすい環境や柔軟な働き方が可能となる制度を推進すると、「個の自律」が重要な課題となります。

自ら考え自ら動ける人は内発的動機が維持されて生産性は高まります。しかし、まだ周りからの指導やサポートが必要な人や自己管理ができない人が個の自律を強く求められると、内発的動機の3つの条件である「他者受容感」「自己有能感」「自己決定感」は満たされず、生産性は逆に低下してしまいます。

自律できている部下に対してのマネジメントは、これまでどおりでも問題は生じません。

自律できていない部下に対してのマネジメントとしての関わりにおいて、

・自律力を高める
・内発的同機の３つの条件である「他者受容感」「自己有能感」「自己決定感」を高める

ためのサポートを行う必要があります。

ただし、これまでは同じ場所で同じ空気を吸いながら働き、対面でのミーティングを行い、ランチをともにし、移動時間などをともにしていたので、「何となく」「自然と」できていたように感じられるサポートを、物理的に離れている状況で行わなければなりません。

ポイントは、上述した「自律した部下」が実施していることの中の左記をできるようになってもらうためのサポートです。

・仕事の計画、進捗、状況を見える化して、外からわかるようにしている
・定期的かつ必要な報連相を行う

・説明責任を果たすことができる

そのために必ずやるべきことは次の3点です。

①仕事を可能な限り見える化する
②コミュニケーションルールを確立する
③心理的安全性を確保する

この3つは相互に関連し合っています。

①仕事を可能な限り見える化する

・仕事の依頼のみならず、作業手順、スケジュールなどすべてを指示する
・進捗や完了後の報告を細かく義務づける
などのように部下を細かく管理し、過干渉することをマイクロマネジメントと言います。

姿や状況が見えない分、細かく管理しないと不安になるという気持ちはわかりますが、信頼関係も損ないますし、何よりも部下が指示待ち、投げやりになって、成長する機会が失われます。

仕事を任せたら、基本的にはプロセスについては権限を移譲し、部下本人が考えるべきです。

とは言っても、状況がまったくわからないまま、

・いざ期限を迎えたら完了していない
・突然トラブルが判明する
・クレームが発生する

などは避けたいとことです。

また、マイクロマネジメントとは逆に「見えないものは見えないから管理できるわけがない、仕方ない」と確信犯的に割り切って部下を「放置・放任」するマネージャーも散見されます。あるいは、細かくマネジメントすることによる部下の抵抗心を起こしたくない

という遠慮がちな配慮もあるのかもしれません。

「マイクロマネジメントによる厳格な管理」と「放置・放任型の管理」、いずれにしても極端なマネジメントであり、やはり目標達成や部下の成長という目的のためには適切ではありません。

テレワークにおける適切なマネジメントとして、まずは、個々人が持っている仕事について、目標、成果物イメージ、計画・期限、進捗を見える化し、共有できるようにします。

【短期的な仕事】

(1) 今抱えているタスクの一覧をタスクリストとして作成し、期限・着手予定日と完了後のチェックを記入する

(2) タスクリストを毎日のオンライン朝礼や週次のチームミーティングなどで共有する

(3) グループ共有カレンダーを活用し、(1) で計画した業務を予定表に入力し、社内メンバーが予定や進捗を確認できるようにする

【中長期的な仕事】（第三章参照）
目標管理における部門の行動計画・進捗・個人の行動計画・進捗を共有する

短期的な仕事について、カレンダーや予定表への入力というと、

・10：00～12：00　A社訪問・打ち合わせ
・15：00～16：00　月次営業会議

などのように、自分以外の他者との予定・約束のみを書く人が意外に多いのですが、もっと活用範囲を広げるべきです。

たとえば、次のように自身の作業予定や自分との約束も具体的に記入するのです。

・10：00～11：00　B社への提案書叩き台作成
・11：00～11：30　A社へTEL、C社と日程調整、ミーティング議事録配信

B社への提案書の内容についての上司との打ち合わせを明日の午前中に予定していた場合、上司としては、この予定表を見れば、部下が準備をしているかどうかがすぐにわかります。

また、必要ならばこのタイミングで、作成にあたっての留意点やアドバイスなどもしたほうがよいと判断することもできます。

・順調に進んでいるようなので大丈夫だろう
・予定が過ぎたのに完了報告がないがどうなっているかな？
・作業予定としてカレンダーに入っていないけどなぜだろう？　一応確認しておこう
・この作業に5時間も予定しているけど、ゼロから作ろうとしているのかな？　依頼したのは「標準提案書をベースに情報を更新してほしい」なので、1時間程度で終わるはずだけど
・期限ぎりぎりに予定を入れているが、予定時間で終わらないことを想定できているかな？

などの解釈・判断ができるようになります。
これらは、テレワークに限らず、出社している際にも活用すべきですが、テレワークならば必須です。これがなければ、テレワークでのマネジメントは成り立ちません。

②コミュニケーションルールを確立する

【仕事を依頼、割当する際に、目的、成果物イメージ、期限、中間報告の目安を丁寧に伝える】

これはテレワークに限らず必要なことですが、対面時では、仕事を依頼する際に部下の理解度が多少曖昧そうに見えても、あえてそのままにして、その後の様子を見ながら必要に応じてフォロー・具体化・修正することができました。
テレワークにおいては、軌道から外れた際に気づく時間、修正する時間が対面よりも長くなり、手戻りになるリスクが高いため、より丁寧な説明が求められます。

【ビジネスチャットツールを日常の報連相ツールとして活用する】

部下の自律度合いに応じてチャットツールでコミュニケーションを行います。

・基本的には、部下主導で報連相をする責任、説明責任、情報発信があるという意識づけを行う

・その上で、必要に応じてタイミングを見計らって上司から声がけをすることが必要です。

【ウェブ会議システムで定期的な対話（定期面談、1on1）の場を持つ】

第4章第6節「経験と学びの4つのサイクルのフォロー方法」で紹介したように、定期的な対話の場を設け、業務の計画・進捗の確認や、振り返りから教訓化までの成長促進の働きかけ、メンタルケアを行います。

対面では「2週間に一度、30分程度でもよいので実施」と書きましたが、テレワーク時には日々のコミュニケーションでの未確認事項が多いことから、「毎週1回30分程度」の時間を確保することが望ましいでしょう。

【定期的に部下のために空けておく時間を確保し公開する】

「何かあったらいつでも相談して」「困ったらいつでも声をかけてね」とは、上司が使う言葉の中でも上位に挙がることでしょう。

しかし、対面時でさえも部下は上司の忙しさや機嫌を伺いながらタイミングを見計らっているのです。テレワークでは、その気苦労が増えることは想像に難くないでしょう。

たとえば、「毎週金曜日の16：00～17：00は相談対応時間としてフリーにしています」といったように、部下のための時間を公開しておくことをお勧めします。

上司側にとっても、このように集中して対応できる時間をつくっておくと、作業中に無秩序に声をかけられるよりも負担が減ります（もちろん、各種業務の報連相をする場を個別に持つことは必要です）。

以上の、「仕事を可能な限り見える化する」「コミュニケーションルールを確立する」を整備することで、人事評価における「がんばっているプロセスは評価されずに結果だけで評価されるのか」「見えない状態でどのように評価されるのか」「そもそも上司は自分の仕事を把握しているのか」という懸念と不安を解消することにもつながります。

これがテレワークでのマネジメント「見えない部下をどのように評価するか」について

の解です。

「期中でのプロセスは評価できないから期末での成果評価とならざるを得ない」という主張があまりにも乱暴な議論だということがおわかりになるかと思います。

日常的に見える化し、日常的にコミュニケーションをとる中で、当然にプロセスおよび短期間での評価を繰り返し行い、それが年間のトータルの評価に自然とつながっていくようにならなければなりません。

③心理的安全性を確保する

心理的安全性とは、1965年にマサチューセッツ工科大学教授であるエドガー・シャイン教授とウォレン・ベニス教授が提唱した概念です。

組織の課題を解決したり、新しい挑戦をしたりするために必要とされるのが、心理的安全性です。

心理的安全性とは、組織内で安心して自由に発言ができる状態のことです。安心して弱い部分をさらけ出すことや自然体の自分を出すことができる雰囲気や風土をつくることは大切なポイントです。心理的安全性を確立することで、組織内・チーム内のコミュニケーションが活性化し、協働が促進されます。

知らないことを質問すると無知だと思われたり、間違ったことを言うと馬鹿にされたり、失敗するとすぐに批判・非難され評価が下がるような職場では心理的安全性はありません。テレワークでは、「周りが見えない」「周りから見られない」「他者同士のやり取りがわからない」という理由で当然に不安感は高まり、心理的安全性が確保されている状態とは言えません。

そのような状態では、

・わからないことを質問する
・仕事の依頼内容を念のために再確認する
・ちょっとしたアドバイスを求める
・自由な意見交換をする
・率直な感想を聞く
・自分の不安感や困っていることを伝える

・相手とは異なる意見を伝える
・ネガティブだが必要なフィードバックをする

などの言動が抑制されがちになります。

マネージャーは、その点を認識していかに心理的安全性を確保するかを考えなければなりません。そのために、コミュニケーションの頻度と質を高めて感情面・心理面に配慮する取り組みを行いましょう。


【仕事の見える化・コミュニケーションのルール化を行う】

感情面のフォローの前に、前提として前々項・前項の内容を徹底することが疎外感や孤独感を減少させるベースとなります。


【3つのタイミングでの対話と質問】

第4章第6節で紹介したように、経験と学びの4つのサイクルのフォローとして次の3つのタイミングで働きかけを行いましょう。

①都度の働きかけ……作業中、商談中、会議中のちょっとした合間などに振り返りを促す
②節目での働きかけ
・一つのアクションやイベントが終わったとき、たとえばプロジェクト、商談、会議、作業、研修が終わったときに振り返りを促す
・仕事の進捗確認の場で振り返りを促す
③定期面談・1on1での働きかけ

【社内外の情報を共有する】

会社にいれば、自然とさまざまな決定事項の背景や決定プロセスなどが耳に入りますが、テレワークだと、決定事項が唐突に下りてくる感覚になります。また、様々な情報へのアクセスが出社時に比べて不便になります。

そうすると、疎外感や孤独感が募り、決定事項への納得感も減り、当事者意識さえも失われることが懸念されます。

マネージャーはこれまで以上に、社外、社内・部内の情報を背景・プロセスも含めて開示しましょう。

【ネガティブフィードバックに気を遣う】

叱るなどの厳しいフィードバックや成果物へのネガティブフィードバック（ダメ出し）をする際に、チャットやメールでの文字情報だけでのメッセージは極力やめましょう。

「メラビアンの法則」ではコミュニケーションにおいて言語情報と非言語情報から受ける印象の割合は、

・文字情報……7％
・声などの聴覚情報……38％
・見た目、ボディーランゲージなどの視覚情報……55％

とされています。

対面でのフィードバックであれば、このすべてが成り立ち100％ですが、テレワークになると、いずれのツールを活用しても減少します。

①ウェブ会議システム……聴覚情報ではタイムラグや聞き取りづらさが生じたり、視覚情報では顔のみで表情が明瞭でない場合もある
②電話……視覚情報がない
③チャットやメール……聴覚情報・視覚情報がなく文字だけの7％のみ

チャットやメールでの指摘やフィードバックにドキッとしたり胸が痛くなったことがある方もたくさんいるのではないでしょうか。ネガティブフィードバックは、チャットやメールだけではなく、電話やできればウェブ会議で行うことをお勧めします。

発信者がそこまで意図していないのに受け手が心理的圧迫を感じる場面を減らすように心がけましょう。

【メンバーの貢献に感謝し、チームメンバーと共有する】

出社していればメンバーの行動や貢献が自然と目に留まることもありましたが、テレワークでは意図的に発信・共有しなければそれらは隠れたままです。

次のような行動・貢献は、感謝・賞賛・承認の言葉とともにオンラインチームミーティングの場やグループチャットなどでぜひ共有しましょう。

①隠れた貢献

・臨時に発生した業務に対して率先して手を挙げてくれた

・誰もやりたがらない業務に対して協力している

・効率的に現場全体の仕事を遂行するために、自ら苦労を買って出る、損な役回りを務

めていている
②変化・挑戦・革新の取り組み
・ＰＪ活動での貢献
・社内外ネットワークを駆使しての新たな取り組み
・これまでにない視点での分析・提案
・組織全体・チーム全体の業務がより効果的・効率的になるような具体的な提案や要望

テレワーク時に特に強化すべきマネジメントのポイントとして、以下の３点を紹介してきました。

①仕事を可能な限り見える化する
②コミュニケーションルールを確立する
③心理的安全性を確保する

繰り返しになりますが、本書では「対面でもテレワークでも人事評価・マネジメントの原則は変わらない」という点をお伝えしてきました。

ですから、本節で紹介したテレワーク時に特に強化すべきマネジメントは「テレワーク下だから」必要なことではなく、日常的に必要なことです。「対面では行う必要性はなかったが、テレワークだから新たに始めるべきマネジメント」ではなく、「対面においても効果的なマネジメントのポイントであり、テレワークならばそれらをより丁寧に行う必要がある」のです。

よって、テレワークでのマネジメントをスムーズに行うことができるということは、当然に通常時の対面でのマネジメントがよりスムーズにできるようになり、目標達成と部下育成がしやすくなるということです。

おわりに

1990年代に生まれた成果主義から始まり、コンピテンシー評価、役割等級制度、スペシャリスト、OKR、ノーレイティング、ホラクラシー、ティール組織、エンゲージメント、ジョブ型雇用……。

人事の世界では度々流行り言葉が生まれます。毎年、その年の流行語大賞を選べるくらいです。

専門誌や書籍での紹介から始まり、コンサルティング会社がそれをテーマにしたセミナーを開催してコンサルティング案件につなげていきます。次第に経済紙やビジネス誌などのメディアで取り上げられるようになり、一般的な認知度も少しずつ高まっていきます。

しかし、その内容を正確に理解することなく、その字面や語感からの想像で都合よく解釈されるケースが多く、しばらくすると本質とは異なる使われ方をしたり、それ以前からあった言葉の表現を変えただけだったりと、勝手な定義づけとアレンジが始まっていきます。

そして時間が経つと、「日本では馴染まない」という理由で使われなくなくなり、忘れ去られてしまい、また新たな流行語が生まれるのです。

人事部に所属する担当者でも本質を理解できていないケースがあるくらいですから、その概念を現場に落とし込み、自社に適した形で運用をしていくのは大変な作業です。

「これからは目標管理ではなく、OKRだ」
「これからはメンバーシップ型雇用ではなく、ジョブ型雇用だ」
「これからはヒエラルキー組織ではなく、自律分散型組織だ」

このような言われ方をすると、組織の問題を直ちに解決してくれる処方箋に見えたり、早く飛びつかなければ遅れを取ってしまうのではと感じたりもするでしょう。

ただし、手段を目的化してはいけません。

これまで流行りものをかじって慌てて導入した結果、果たしてどれだけの目的が達成できたでしょうか。

本文で何度も強調しましたが、人事制度の目的は「目標管理・評価制度というマネジメントツールを活用してマネジメント活動を推進し、社員の成長を後押しし、経営成果と業績向上につなげること」です。

そのためには適切なマネジメントを行って、目標達成と部下育成のためのPDCAを回していく必要があります。この点は、いつの時代になっても、いかなる環境変化が起こっても不変だと言えるでしょう。環境が激変している現在も、そしてこれからも、正しい原理原則に立ち返り、より本質的な取り組みを続けられる組織こそが勝ち残れることでしょう。そのベースの上に環境変化に対応した変革・革新が生まれるのです。

本書ではその不変であるマネジメントの原則、人事評価制度の活用法を「教科書」と銘打ってお伝えしてきました。

もしかすると、当たり前のこと、基本的なことばかりが書かれていると感じられた方もいるかもしれません。

それが自社内で日常的に実践され、目標達成や社員の成長に寄与しているならば、何も問題はありません。

しかし、「書かれていることは当たり前のことだが、自社では実践できていない」ということならば、「何を変え、何から始めるべきか」を自問自答してみましょう。その答えが本書を通して見つかったならば幸いです。

ここまでお読みいただいた読者のみなさまに心から感謝申し上げます。

最後に、これまでご縁をいただき私の取り組みに関与していただいた多くの方々から得られた知見、同志として改革に向き合うクライアントのみなさまと培ってきた経験がなければ、本書を上梓することはできませんでした。この場を借りて心からお礼申し上げます。

２０２１年11月

宮川淳哉

本書収録フォームのダウンロード方法

本書に掲載されている人事評価に関する各種フォーマットをダウンロードすることができます。インターネットに接続の上、下記URLを入力して、ダウンロードページにアクセスしてください。

フォームのダウンロード専用ページURL

https://www.oneness-consulting.com/hyoukadl

ダウンロードできるフォーマット一覧

1 【人事評価シート】（目標管理）
　　　　　　　　　（能力・行動評価） ……… 120〜123ページ参照

2 【部門課題計画シート】 ……………………… 150〜151ページ参照

3 【個人目標シート】 …………………………… 160〜161ページ参照

4 【部門課題進捗確認シート】 ………………… 184〜185ページ参照

5 【等級別要件基準書】 ………………………… 202〜205ページ参照

◎URLは必ず半角で入力してください。

◎ダウンロードサービスは予告なく内容を変更する可能性があります。

◎ダウンロードファイルを利用して起きた損失や損害、その他に対して、著作権者・出版社は一切の責任を負いません。

宮川淳哉（みやかわ・じゅんや）

株式会社ワンネス・コンサルティング 代表取締役／中小企業診断士
SMBC コンサルティング講師（2015 年～）
名古屋商科大学大学院マネジメント研究科客員講師（2015 年～ 2021 年）

教育関連企業勤務後、総合コンサルティングファームのアタックスグループへ入社。以来、組織人事コンサルタントとして、人事制度構築、組織開発、事業戦略・経営計画策定などの経営支援業務および人財育成・企業研修業務に従事。2011 年に株式会社ワンネス・コンサルティングを設立。「組織の一体感創り」と「会社の自働成長支援」をコンセプトに、経営者・後継者の経営パートナーとして活動を続けている。特に、組織・人事を経営視点で活性化させ、会社成長と社員の成長を両立させ、業績向上を実現させる手法に定評がある。これまでに 350 社を超える中堅・中小・ベンチャー企業から上場会社までの変革の場をリードする。その他、公的機関、トヨタ自動車をはじめとする個別企業での研修・講演など 500 回以上の実績がある。

ワンネス・コンサルティング公式サイト
https://www.oneness-consulting.com/

中小企業のための人事評価の教科書

2021年12月22日　初版発行

著　者　宮川淳哉
発行者　野村直克
発行所　総合法令出版株式会社
〒103-0001 東京都中央区日本橋小伝馬町15-18
EDGE 小伝馬町ビル9階
電話　03-5623-5121
印刷・製本　中央精版印刷株式会社

落丁・乱丁本はお取替えいたします。

ISBN 978-4-86280-825-7
総合法令出版ホームページ　http://www.horei.com/

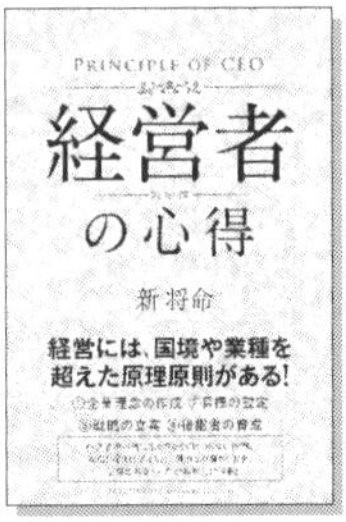

PRINCIPLE OF CEO
経営者
の心得
新将命
経営には、国境や業種を超えた原理原則がある!

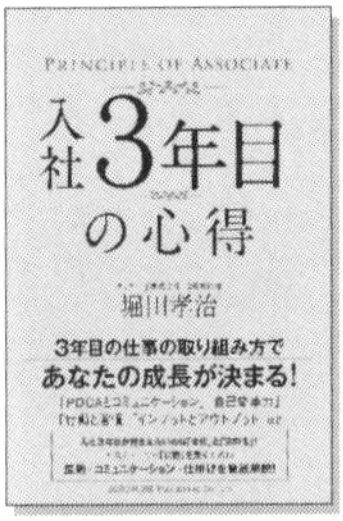

PRINCIPLE OF ASSOCIATE
入社3年目
の心得
堀田孝治
3年目の仕事の取り組み方で
あなたの成長が決まる!